专项职业能力考核培训教材

面试礼仪指导

四川省职业技能鉴定指导中心　组织编写

刘利亚　主　编

中国劳动社会保障出版社

图书在版编目（CIP）数据

面试礼仪指导 / 四川省职业技能鉴定指导中心组织编写；刘利亚主编． -- 北京：中国劳动社会保障出版社，2023

专项职业能力考核培训教材

ISBN 978-7-5167-6227-1

Ⅰ.①面… Ⅱ.①四…②刘… Ⅲ.①职业选择–礼仪–职业培训–教材 Ⅳ.①C913.2

中国国家版本馆 CIP 数据核字（2023）第 252756 号

中国劳动社会保障出版社出版发行

（北京市惠新东街 1 号　邮政编码：100029）

*

北京市白帆印务有限公司印刷装订　　新华书店经销

787 毫米 ×1092 毫米　16 开本　6.5 印张　118 千字

2023 年 12 月第 1 版　　2023 年 12 月第 1 次印刷

定价：18.00 元

营销中心电话：400-606-6496

出版社网址：http://www.class.com.cn

版权专有　　侵权必究

如有印装差错，请与本社联系调换：（010）81211666

我社将与版权执法机关配合，大力打击盗印、销售和使用盗版图书活动，敬请广大读者协助举报，经查实将给予举报者奖励。

举报电话：（010）64954652

本书编委会

主 任 尹 晓 陈云峰

委 员 李 沙 魏忠孝 谢 昆 杨俊洁 叶林坤
　　　　田羽涵

本书编审人员

主 编 刘利亚

副主编 周凌洁 王冬梅

编 者 张婧劼 徐月梅

主 审 金 华

前 言

职业技能培训是全面提升劳动者就业创业能力、促进充分就业、提高就业质量的根本举措,是适应经济发展新常态、培育经济发展新动能、推进供给侧结构性改革的内在要求,对推动大众创业万众创新、推进制造强国建设、推动经济高质量发展具有重要意义。

为了加强职业技能培训,《国务院关于推行终身职业技能培训制度的意见》(国发〔2018〕11号)、《人力资源社会保障部　教育部　发展改革委　财政部关于印发"十四五"职业技能培训规划的通知》(人社部发〔2021〕102号)提出,要完善多元化评价方式,促进评价结果有机衔接,健全以职业资格评价、职业技能等级认定和专项职业能力考核等为主要内容的技能人才评价制度;要鼓励地方紧密结合乡村振兴、特色产业和非物质文化遗产传承项目等,组织开发专项职业能力考核项目。

专项职业能力是可就业的最小技能单元,劳动者经过培训掌握了专项职业能力后,意味着可以胜任相应岗位的工作。专项职业能力考核是对劳动者是否掌握专项职业能力所做出的客观评价,通过考核的人员可获得专项职业能力证书。

为配合专项职业能力考核工作,在人力资源社会保障部教材办公室指导下,四川省职业技能鉴定指导中心组织有关方面的专家编写了专项职业能力考核培训教材。教材严格按照专项职业能力考核规范编写,内容充分反映了专项职业能力考核规范中的核心知识点

面试礼仪指导

与技能点，较好地体现了科学性、适用性、先进性与前瞻性。相关行业和考核培训方面的专家参与了教材的编审工作，保证了教材内容与考核规范、题库的紧密衔接。

专项职业能力考核培训教材突出了适应职业技能培训的特色，不但有助于读者通过考核，而且有助于读者真正掌握相关知识与技能。

本教材由四川西部人力资源开发中心承担具体编写工作。教材在编写过程中，得到了成都华禾职业技能培训学校、泸州职业技术学院、四川旅游学院、乐山职业技术学院、成都铁路卫生学校等单位的大力支持与协助，在此表示衷心感谢。

教材编写是一项探索性工作，由于时间紧迫，不足之处在所难免，欢迎各使用单位及读者提出宝贵意见和建议，以便教材修订时补充更正。

目 录

培训任务 1　面试礼仪准备
学习单元 1　面试者接待 ………………………………………… 2
学习单元 2　面试资料准备 ……………………………………… 11
学习单元 3　面试者准备 ………………………………………… 20

培训任务 2　面试过程礼仪
学习单元 1　面试中的行为礼仪 ………………………………… 32
学习单元 2　面试中的交谈礼仪 ………………………………… 48
学习单元 3　面试应答与提问技巧 ……………………………… 61

培训任务 3　面试结束礼仪
学习单元 1　面试结束离场礼仪 ………………………………… 76
学习单元 2　面试结束跟进礼仪 ………………………………… 79

培训任务 4　线上面试礼仪
学习单元 1　线上面试准备 ……………………………………… 84
学习单元 2　线上面试中的行为礼仪 …………………………… 88

附录1 面试礼仪指导专项职业能力考核规范 …………………………………… 93

附录2 面试礼仪指导专项职业能力培训课程规范 …………………………… 95

培训任务 1

面试礼仪准备

学习单元 1

面试者接待

知识要求

导言：面试是在特定的场景下，由面试官以一定的方式与面试者面对面接触，相互交流获得信息，以此判断面试者是否符合岗位要求的人员甄选方法。在求职面试中，面试官会通过面试者言行举止传递的信息，对其显性和隐性的职业素养和职业能力做出评判。它既是整个招聘活动中的环节之一，也是最为复杂、最具技巧性的一个环节。面试者必须充分了解面试，明确面试的重要性，通过系统学习充分掌握面试技巧，把握面试细节，才能充分展现自我，把握自我推销的契机，成功获得岗位。

一、岗位认知

1. 面试礼仪指导认知

面试礼仪指导是指运用礼仪常识结合面试技巧，为面试者提供面试行为的指导。指导人员需要熟悉面试的基本常识和礼仪知识，以此作为指导的理论基础。

（1）面试的达成目标。从面试者、招聘单位、面试官三个方面分析面试的达成目标。

1）面试者。对于面试者来说，面试是为了充分地展示自己的才能，赢得面试官的认可，最终获得自己理想的岗位，所以必须要向面试官证明自己有胜任工作的能力。面试者想要赢得面试官的青睐，需要清楚地通过行为细节和言语表达自己的重要观点和信息，让面试官认可你的观点。面试成功需要获得面试官的好感与认可，与面试官建立和谐友好的关系也是面试者在面试中要达到的目的之一。面试者要向面试官展示自己具有招聘单位需要的职业气质和企业文化，人职匹配度高，才能拉近与面试官的距离。

2）招聘单位。对于招聘单位而言，通过面试可以考核笔试中难以获得的信息，通过考核面试者知识、能力、经验等，掌握面试者的动机与工作期望，对面试者与应聘岗位的匹配程度做出评判。招聘单位组织面试主要是为了收集到更多面试者的真实信息，了解人才资源的整体情况，明确面试者的岗位期待与需求，向面试者提供相关信息等，继而选择与招聘需求最合适的人才。

3）面试官。面试官代表招聘单位进行人才甄别。为了对面试者有更加深入和准确的了解，面试官会通过设置面试环节和内容，测试面试者的专业、性格、应变能力、心理承受能力、人际交往能力等。面试官通过交流与观察进一步明确面试者的工作态度、行事方式与工作胜任能力，尤其是特定工作所需要的业务能力和其他岗位相关能力。

面试中重要的考查点

1. 观察面试者形象气质是否与岗位匹配

个人形象气质主要是指面试者的外在形象与精神状态，包括其外貌、举止、衣着等。有些职业对个人形象气质的要求相对较高，如美容师、销售柜员等。一般企业在招聘录用普通员工时不会过于关注面试者的个人形象气质，但诸多研究显示，举止得体、衣着整洁的人更能做到自我约束与控制，责任心相对较强且做事严谨，因此企业招聘中也越来越重视面试者的个人形象气质。

2. 核实面试者的背景情况

一般来说，面试者的简历已经较为全面地反映了自身的情况，但是为了能对这些情况进行深入了解，面试官在面试过程中还会询问其他相关问题，如面试者的受教育情况、工作经历、兴趣爱好等。基于此，面试者要做到明确表达个人的基本情况，避免个人表述内容与简历所填内容相差甚远或相互矛盾。

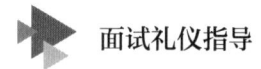

3. 考查面试者的专业水平

面试相当于在笔试的基础上进行一次补充考核，面试官根据面试内容更加深入地了解面试者的专业水平，包括面试者的专业素养、专业知识、技能掌握情况等，根据一系列综合情况判断面试者能否满足岗位要求。在面试过程中，面试官会倾向于提出一些比较有深度的问题，重点考查面试者能否满足空缺岗位的专业要求。因此，面试者要注意专业知识的积累，也要注意在面试中把自己的专业知识与应聘岗位相结合。

4. 考查面试者的工作或实践经验

面试者的工作或实践经验直接反映他们在职位上的能力和潜力，具备相关经验者更容易适应新的工作环境并快速上手。通常情况下，面试官会询问面试者以往的工作经历或之前的就业情况、工作的详细情况，对面试者的工作态度、工作能力等进行初步判断，同时还能考查面试者的责任感、口头表达能力、交际沟通能力等，通过对这些问题的了解来判断面试者是否与该职位相匹配。

5. 考查面试者的职业精神

职业精神是职业成功和成就的基础。心态、道德、学习、责任和抗压承受能力是职业精神的核心。面试中，面试官关注的不单是面试者的能力水平，还需要采取不同形式和内容去考查面试者的职业精神。在考查中，面试官会结合真实的工作任务和工作场景提问，通过面试者的陈述考查其具备的职业精神。

6. 判断面试者的求职动机

招聘方希望看到面试者对工作有积极的态度和长远的职业规划，因此面试官在挑选人员时会重点关注面试者的求职动机。一般来说，面试官会通过询问面试者应聘本岗位的原因、最感兴趣的工作有哪些、在工作中认为哪些方面最重要，继而衡量本岗位能否满足面试者的物质需求与精神需求，或是本岗位相关情况与面试者的期望是否相符。

（2）面试的特点

1）适应性。面试的形式往往不拘泥于一种，面试的问题灵活多变。在面试中，面试官可以根据各种要求，对面试者提出各种各样的问题。有时甚至会针对某一方面连续提出多个问题，以便全面、深入、客观地了解面试者。因此，面试者需要适应不同的面试问题与形式。

2）双向性。在面试中，面试官和面试者需要通过交流相互了解，促使招聘工作较

为积极、有效、顺利地开展。因此，面试者不仅需要关注自我信息的输出，也要关注面试官通过言行举止传递出的反馈信息。

3）全面性。面试官可以通过面试来了解面试者的有效信息，还可以通过面试过程中的细节来观察和判断面试者的有关信息，以便更全面地了解面试者的各项素质。

4）复杂性。一次面试短则几分钟，长则半天甚至更久。如果面试时间太短，面试官不容易了解面试者足够的信息，面试也就失去了意义。在一些面试中，有的面试官可能存在一定的偏见，有的面试官喜欢凭借自己的主观印象和喜好来看待面试者。面试存在一定的复杂性，面试者应注重细节，好好表现。

（3）面试的过程。根据面试的时间线，常把面试的全过程分为面试前、面试中和面试后三个阶段，即面试关系的建立与导入阶段，面试者任职资格的核心确认阶段，面试收尾与结束阶段。

1）面试前——面试关系的建立与导入阶段。面试关系是指面试官与面试者之间的关系。在面试关系建立与导入阶段，面试者应尽量做到以下要点。

①留下良好的第一印象。对于面试者来说，一个好的开场非常重要。好的开场有利于营造相对和谐的氛围，促使整场面试能在短时间内进入正题，帮助面试者尽快与面试官进行沟通。实际上，从面试者敲门进入面试房间的那一刻起，面试就已经开始了，甚至更早。面试者进入面试房间是否主动敲门示意、进门后是否主动关门、是否主动问好等都是面试官在这个阶段考查的要素。在这个过程中，面试者的一举一动、仪态、着装等都是面试官考查的重点。

②拉近与面试官的距离。拉近与面试官的距离实际上贯穿整个面试的过程。在整个面试环节中，与面试官拉近距离是成功面试的关键之一。有经验的面试官会营造轻松的面试氛围，以消除面试者的紧张感。但对于面试者来说，在面试过程中主动向面试官展示自己的亲切感，通过语言和非语言多种沟通方式来拉近与面试官的距离也是非常必要的。

2）面试中——面试者任职资格的核心确认阶段。面试者做完自我介绍之后，面试将进入核心确认阶段。在这个阶段，面试官一般会围绕面试者的个人简历以及与招聘岗位要求相关的素质、技能等方面提问。这些问题是面试过程中的核心问题，其考查的内容也是核心内容，因此面试者在回答面试官的这些问题时，要展示自己的优势，引起面试官的兴趣，只有这样，面试官才会通过更深入的问题来对面试者的资格进行审查。

①引起面试官的兴趣。在面试中要想引起面试官的兴趣。面试者主要应该做到"投其所好"。一是要投招聘单位所好，二是要投面试官所好。

投招聘单位所好，就要求面试者在面试之前做足准备。弄清楚招聘单位招聘岗位

的能力要求，想一想自己是否具备相关的资历，同时面试者还要对应聘单位所处行业的发展现状和面临的挑战做一定程度的了解。

投面试官所好，就要求面试者做到心中有数、胸有成竹，要做到根据面试官的背景、提问的重点等有针对性地谈论面试话题。如果能在面试之前了解面试官的个人信息及背景、面试风格等，对面试者有针对性地准备面试问题更有帮助；但通常情况下，面试官的相关信息是不容易被面试者收集到的。如果面试流程允许，面试者可以直接向面试官询问其理想中的人选应该具备哪些方面的素质，如果得到面试官的回答，那么面试者就可以针对面试官回答的内容进行自我阐述。

②随机应变，坦诚谦虚。在对面试者任职资格进行审查的面试阶段，面试官会通过提出更多问题来进一步了解面试者，从而确定其是否具备岗位所要求的资格。一些与岗位相关的专业技术类问题、情境模拟问题、若干个压力型问题可能会在这个阶段连续出现。在面试之前，面试者应该提前做好相关问题的准备。如果在面试过程中，出现了之前没有准备过的内容，不要慌张害怕，可以向面试官提出思考 1 分钟的请求，显示出自己的严密谨慎，想好之后再回答。但如果确实不知道答案而无法回答时，一定要坦诚告诉面试官自己存在知识"盲区"，不要不懂装懂、随意拼凑答案，而且要表示出非常乐意在面试结束后去深入调查和研究，表现出谦虚认真、开拓进取的学习态度。

3）面试后——面试收尾与结束阶段。通过前两个阶段，面试官已经对面试者有了基本的了解，对面试者的印象也基本形成。在这个时候，面试官可能会补充问一些问题，以确认其对面试者的判断没有太大偏差。在此之后，面试话题的选择就会变得相对随意，面试官的谈话口吻会变得相对轻松，这表示面试已经进入了收尾阶段，面试者一定要注意面试官的态度变化，学会配合面试官结束面试。作为面试者，一般应该注意以下两个方面。

①引导面试官回顾你的优势。为了加深面试官对自己的印象，面试者在最后可以主动向面试官提出建议，争取为自己的面试做一个简单的小结，努力取得自我陈述的机会，再次强调自身的优势。如果得到了面试官同意，那么在总结陈述的过程中，面试者还要注意不时征询面试官的意见，看他是否有其他信息想要了解，及时回应面试官的问题。此外，面试者需要牢记的是，要始终保持自信，把招聘单位所需要的人员素质和自身的长处相结合，凸显自己和招聘岗位的匹配性。

②礼貌告别。面试结束，面试者要礼貌地向面试官告别，然后整理好自己的物品，从容地向面试房间外走去。走到门前，要注意一个细节，应转身正面朝向面试官，再次表示感谢，然后再退出，并轻轻地关上门。离开招聘单位之前，面试者可以对引导进入面试房间的工作人员及面试房间外（如休息室）的其他管理人员和接待人员表示

感谢。对他们表达感谢不仅能够表示对他们工作的尊重，也显示出良好的个人素养，会在面试工作人员心中留下良好的印象。

2. 常见的面试类型（见表 1-1）

表 1-1　　　　　　　　　　　　　常见的面试类型

类型	特征	主要形式	适应范围	注意事项
结构化面试	面试题目、实施程序、评价、面试官构成等都有统一明确的规范	技术面试、行为面试	适用于事业单位招聘、企业招聘专业技术岗位、选调生面试等	掌握专业知识和答题思路；思考问题要全面、多角度；避免夸大成绩或编造经历
半结构化面试	面试的部分因素有统一要求，题目可以根据实际情况进行调整，可以更全面地评估面试者的能力和适合度	以结构化面试为基础，提出随机性问题	适用于各种职位招聘，可以根据不同的职位需求灵活调整面试题目和内容	提前准备常规问题；回答问题要真实，避免夸大；根据简历内容准备个性化问题
非结构化面试	不对与面试有关的因素做任何限定，没有固定标准，可以更全面地评估面试者的能力和适合度	自由回答、随意聊天、案例分析、角色扮演、个人展示	适用于需要深入了解面试者能力和个性的职位招聘，这种面试形式可以更全面地评估面试者的能力	保持轻松氛围，但要谨慎回答问题；认真思考问题，避免随口说出答案
个人面试	单独面谈，深入交流，面试官在较短时间内对面试者进行全面评估	一对一面试	适用于各类职位招聘、初步筛选、小规模招聘、专业技能评估等	充分展示个人能力；了解企业需求，展示匹配度；准备充分，展示自信
群面试	一组面试者同时进行面试，通常有多位面试官	无领导小组面试、小组协作测试、案例分析、角色扮演	适用于需要考查面试者团队协作能力、沟通技巧、分析能力、解决问题的能力等综合素质的职位招聘	注意团队协作；突出个人特点；倾听他人发言，尊重他人观点

二、行为礼仪

1. 职业形象

面试礼仪指导人员需要具备亲和力，具有良好的职业形象，在保持对面试者基本尊重的同时，兼顾亲切感。

（1）仪容端庄大方。男士的仪容重在"洁"，应做到整洁、大方、干净。女士的仪容重在"雅"，应充分展现出成熟、干练的职业形象。

（2）着装规范得体。服饰要做到洁净、工整，佩戴工作牌，塑造专业形象，给面试者留下良好的第一印象。

（3）面部表情管理。面试礼仪指导人员在指导的过程中需要通过面部表情恰当表达情感；眼神交流亲切正式，表达真诚与自信；微笑是营造良好指导氛围必备的工具。

（4）职业形象禁忌。面试礼仪指导人员的职业形象需要体现"专业"。既不能太随意，让面试者产生不信任；也不能太隆重，让面试者产生距离感。男士忌邋遢，女士忌浓妆艳抹；忌不修边幅、着装过于暴露；忌傲慢或轻视，忌面无表情或者过于夸张的表情。

面试礼仪指导人员的职业形象如图1-1所示。

图1-1　职业形象

2. 举止礼仪

（1）挺拔的站姿。站立时抬头、挺胸、直背；双手交叉位于腹前或自然下垂；男士双脚分开，与肩同宽；女士双脚呈"丁"字形，重心倾向后方，如图1-2所示。

（2）优雅的坐姿。面试指导需要入座时，入座和起身动作轻缓。双脚落地入座后，男士双膝可略微分开，双手放于膝上；女士双膝、脚跟紧并，双手放置于椅子边或大腿上；头部平稳，上身直立，肩放松下垂，如图1-3所示。

（3）自信的走姿。步履轻盈，提腰收腹，步幅均一，双手轻微前后摆动。

（4）含蓄的蹲姿。尽量不出现下蹲的动作，如果特殊情况需要使用，如为面试者示范下蹲拾物时，则采用高低式体现含蓄。

（5）恰当的手势。指导人员的手势需要体现对面试者的尊重，因此手势的使用要恰当，如图1-4所示。例如，递送资料给面试者填写时，需要用双手，用单手则不恰当；需要指示时，伸出整只手掌，掌心向上，动作要准确、舒展、到位。

（6）举止禁忌。举止忌轻浮粗俗，严禁"站无站相，坐无坐相"，不能在指导过程中出现不尊重面试者的行为。

图 1-2 站姿

图 1-3 坐姿

图 1-4 手势

面试礼仪指导人员在指导面试的全过程中，要以自身良好的礼仪风范影响面试者，举止得体，文雅谦和，言而有礼，行而有矩。

3. 言谈礼仪

（1）有效沟通。沟通时采用标准普通话，利用合适的语气、声调、语速等传递信息。语言应详略得当，通俗易懂，有效传递信息。

（2）善于倾听。在面试指导过程中，面试礼仪指导人员需要通过与面试者的双向沟通，得到信息的反馈。因此在面试者表达的过程中，指导人员注意力要集中，态度要真诚；倾听时要有耐心，不随便打断面试者的表达；聆听时，偶尔进行提问或提示能让面试者感受到尊重与重视，如果无动于衷，会让指导过程显得尴尬和无趣。

（3）礼貌用语。礼貌用语是指在面试指导时语言交流中使用具有尊重与友好的词语，如"请""谢谢""对不起""您好""麻烦你了"等，依据语意的不同选用相应的礼貌语。语言的礼貌包括"四有四避"：有分寸，有礼节，有教养，有学识；避隐私，避浅薄，避粗鄙，避忌讳。

（4）沟通禁忌

1）忌盛气凌人、居高临下。

2）忌炫耀，以免引起对方的反感。

3）忌语焉不详。指导语言要精练，表达清晰，不要口若悬河，也不要长话短说。

4）忌嘲笑挖苦。

5）忌夸张或不得体的肢体动作。

6）忌打断他人说话。可以在他人说话的停顿间隙表达自己的观点，不要中途随意打断他人说话。

7）忌别人说话时，自己心不在焉。在指导过程中应认真且耐心地倾听，这是对面试者的基本尊重。

8）忌言不由衷。说话的时候要真诚。例如，对面试者表示鼓励时，应面向面试者，配合眼神、微笑、动作等，在说"你完成得很好"的同时，向其竖起大拇指。

9）忌故弄玄虚。不要为了显得有文化、有内涵而采取一些他人无法理解的表达，要贴近面试者的文化层次和语言习惯，否则会适得其反。

10）忌过于直白。给予面试者意见时，要委婉表达。例如，"你这样的方式没有大问题，但如果改进一点，可以呈现得更好。"

学习单元 2

面试资料准备

知识要求

导言：知己知彼，百战不殆。面试前，对招聘单位资料的收集和个人资料的准备都很重要。资料的准备不仅传递出面试者对面试官和招聘单位的诚意和尊重，还能增强面试者在面试时的自信心，而且也能够为面试者理性择业提供客观依据。

一、知彼——招聘单位信息收集

1. 做好招聘单位的背景调查

（1）招聘单位背景调查的主要内容。当面试者调查招聘单位背景时，不仅需要了解招聘单位的基本情况，如单位的发展历史、主营业务、投资规模、人员结构等，还要了解招聘单位所处行业的整体发展情况、客户群体、市场定位、竞争对手等信息。其中，个人素质是否符合招聘单位企业文化逐渐成为招聘人员对面试者的重要评价因素。招聘单位不仅注重面试者具备的知识和能力，也比较关注其对本企业文化的认同程度，面试者在面试之前，应该了解招聘单位的企业文化，以使自己在面试中表现出与其企业文化的高度吻合，提升应聘成功的概率。

（2）获取招聘单位背景资料的途径

1）招聘单位的网站。招聘单位一般都会在自有网站上详细介绍其发展历史、经营状况、资产规模、业务范围、主要产品等，面试者可直接登录招聘单位网站获取有关信息。

2）招聘网站。很多招聘单位在招聘网站发布招聘信息时，会简单说明自身的基本情况，面试者可通过招聘网站获取有关招聘单位背景的相关信息。

3）招聘单位的员工。若条件允许，可以咨询招聘单位的员工，以便挖掘有关招聘单位更深层次的背景信息。

4）媒体报道。面试者也可通过电视、纸质媒体、互联网等对招聘单位的报道了解招聘单位的动态信息，如招聘单位在行业、社会上的美誉度、影响力及公众对其的评价等。

5）搜索引擎。利用搜索引擎，最大可能地搜索与招聘单位相关的信息。

2. 了解招聘单位的招聘特点

（1）大型企业招聘特点

1）招聘计划完善。实力雄厚的大型企业通常每年都会制订非常完善的各类人员招聘计划，并做出相应的招聘成本预算和时间安排。根据确定的招聘条件和标准，采取纸质媒体、网络、现场招聘会等形式发布招聘信息，吸引面试者前来应聘。

2）招聘程序严格。大型企业通常严格按照规定的程序，有条不紊地组织招聘活动，其流程一般如下：发布招聘信息→筛选求职简历→通知面试者参加笔试→人力资源部门组织初次面试→用人部门与人力资源部门共同组织复试→评估面试者→共同确定录用人选。

3）面试形式多样。大型企业的面试形式多种多样，如结构化面试、情境模拟技术（包括无领导小组讨论、公文筐考查、商业游戏等），来考查面试者的综合能力，以确定其是否符合招聘要求。

面试者在应聘大型企业时，不仅自身要具备过硬的综合素质，还要对企业的招聘程序、面试形式有所了解，做好充分的面试准备。

（2）中小型企业招聘特点。中小型企业一般处于初创阶段和发展阶段，管理基础、资金基础相对薄弱。面试者应了解中小型企业的招聘特点，在应聘过程中做到心中有数，遇到问题才能有效应对。

1）招聘程序具有随机性。中小型企业的招聘程序有很大的随机性，一般并没有系统的招聘计划，也不会严格按照规定程序和时间组织招聘活动，而是等到企业内部缺人时才临时组织招聘活动。

2）招聘渠道以网络为主。由于自身实力有限，中小型企业在招聘渠道选择上，以网络作为招聘人才的主要途径。网络招聘省时省力，且费用较低、适用范围较广，比较符合中小型企业的自身特点。

3）面试技术不够专业。在整个面试阶段，通常仅有人力资源部门对面试者进行面试并确定最终人选，而没有其他部门的参与。另外，中小型企业一般不会采用专业的人才素质测评工具和面试方法对面试者及其面试表现做出科学评估，主要依靠面试官的经验和个人偏好对面试者进行评价。

尽管中小型企业的招聘不一定很规范，但面试者仍要认真做好面试准备工作。除了具备扎实的专业能力，还要着重突出其他自身实力，如快速解决问题能力、灵活反应能力、有效执行能力等，以符合中小型企业注重实效的特点。

3. 把握招聘单位的招聘流程

各个招聘单位的招聘流程虽然不完全相同，但从总体上讲大同小异。面试者如果对规范完整的面试流程有所了解，将有利于在面试前进行充分准备。标准、规范、完整的招聘流程一般如下。

（1）简历筛选。一般情况下，招聘单位会收到大量求职简历，但是由于岗位有限，所以要从众多简历中进行初步筛选，然后由主面试官再行挑选。在这一阶段，招聘人员主要根据招聘岗位的岗位要求和条件，如专业、学历、英语水平、职业资格、相关工作经历等因素进行筛选，然后通知符合招聘要求的人员参加面试。

（2）初试。在初试阶段，一般由招聘单位的人力资源部门组织对面试者进行岗位有关的理论知识、专业技能、职业素质等书面考查，有的招聘单位由人力资源部门直接对面试者进行面试，面试内容涉及个人经历、求职动机、职业规划等。

（3）复试。有的招聘单位要对面试者进行"二面"（第二轮面试）、"三面"（第三轮面试）后，才会根据面试综合得分确定录用人选。此阶段的面试主要涉及专业知识和实际案例，主要考查面试者的专业能力、沟通能力、问题解决能力等岗位胜任能力。

（4）背调。招聘单位对候选人进行背景调查，以了解其工作经历、业绩、品德等。

4. 了解应聘岗位的职责和任职资格要求

（1）教育背景要求。招聘单位的招聘信息中会对面试者的教育背景做出具体要求，如毕业院校、专业、学位、外语水平、计算机能力等。由于教育背景是面试者不易改变的因素，很多面试者会由于自身的教育背景与招聘单位的要求明显不符，而往往对心仪的岗位望而却步。但事实上，有些招聘单位对面试者的教育背景要求并不是很严

格,很多时候教育背景并不是录用人选的核心要素,面试者在做面试准备时,应放宽视野,只要应聘的岗位符合自己的性格、兴趣和职业规划,同时自己也具备了岗位所要求的知识和能力,可以尝试跨专业求职。

(2)工作经验要求。不同的岗位层级,对面试者工作经验的要求有所不同。另外,同一岗位层级在不同规模的招聘单位中要求的工作经验也有很大区别,例如,有的大型企业的项目主管甚至比小型企业的部门经理有更长的工作年限要求。虽然相关工作经验能够在一定程度上反映面试者的工作能力及其对岗位的熟悉程度,但是招聘方最看重的还是面试者的实际能力。只要面试者具备应聘岗位所需要的知识和能力,即使在工作经验方面不符合招聘单位的招聘条件,也可就心仪的岗位提出应聘申请。

(3)专业知识要求。各行各业都有对应的专业知识和技能,除了专业技术性很强的特殊岗位,招聘单位在招聘时一般无法对面试者的专业知识做深层次考查。但在面试前,面试者若取得了应聘岗位的职业资格,在知识、技能、经验和行为标准方面达到职业标准,也能成为招聘单位录用面试者的重要依据。

二、知己——个人简历的准备

1. 简历的基本内容

(1)基本信息。基本信息主要包括个人姓名、联系地址、电话、邮箱、出生年月等基本情况,要注意准确无误地描述清楚,并使用正式书面语。个人信息应简单清晰,易于用人单位识别并满足联系需求。

(2)教育背景。规范地描述教育背景,一般只需要填写最高学历,内容主要包括学校、专业、主要课程,以及所参加的各种专业知识和技能培训、竞赛等。对于应届毕业生或者无任何工作经历的面试者来说,教育背景尤其需要用心准备。需要注意的是,所列举的教育背景或培训经历要与应聘的岗位相关。

(3)相关工作或实践经历。广义层面上,全职或兼职工作、实习实践或志愿服务工作,都是工作经历。没有工作经验的应届毕业生可把自己在学校中参加的实践活动、课题研究等列上。对于有丰富工作经验的面试者,要抓住工作职责和工作业绩这两大关键,但要注意真实性,不能过于美化或夸张而使面试官对面试者产生怀疑。

(4)个人特长和技能。一般来说,填写个人特长时,应注意该项特长与所应聘岗位的相关性,如果不相关,可一笔带过;如果有一定关联性,可以写上,但注意不要写得太多、太细。填写个人技能时，可列举外语、计算机、认证考试及从业资格培训证书等，与应聘岗位相关的可以在简历中重点强调。

（5）职业目标或求职意向。一定要明确自己想做什么、擅长做什么，这两点至关重要，虽然有时会产生矛盾，但在简历中却不可以有模棱两可的求职选择。站在招聘者的角度，极易淘汰未明确应聘岗位的简历。

（6）其他信息。面试者可以选择性填写其他信息，包括个人性格、兴趣爱好、其他优势等，但展示的信息一定要与所应聘的岗位要求有关联性。

2. 简历的格式模板

一般来讲，简历主要分为以下类型，面试者可根据实际情况进行选择。

（1）功能式简历。功能式简历介绍面试者具有的专业能力和核心素养，包括面试者良好的工作能力、熟练的工作技能，也可以附加补充介绍面试者之前取得的工作成绩和实际成果，避免赘述工作经历和教育经历。

1）通用模板

姓名

地址

手机号码

固定电话

电子邮件

求职意向（申请的岗位名称、职业生涯规划等）

职业能力总结（与申请岗位相符的技能、能力，以及获得该技能的工作内容和成就）

教育经历（受教育时间、学校、专业）

工作经历（工作时间、单位名称、职务名称、工作业绩）

其他技能（外语、计算机能力等）

2）适用人员

①工作经历不连续的面试者。

②教育背景不符合要求但具备岗位胜任能力的跨专业面试者。

③转换岗位类型或转行业求职的面试者。

④职业生涯中有过降职经历的面试者。

⑤频繁更换工作的面试者。

（2）时序式简历。时序式简历就是按照时间顺序制作的简历，在介绍面试者的工作经历和教育经历时，以时间轴为线索，按照时间从远到近的原则进行阐述。

 面试礼仪指导

1）通用模板

姓名

地址

手机号码

固定电话

电子邮件

求职意向（申请的岗位名称）

工作经历（也可添加实习经历、项目经验、校园活动经历、多份兼职经历，但应使用倒序写法）

教育背景（毕业生的教育背景也可写在工作经历或实习经历之前，可添加培训经历，使用倒序写法）

技能及其他（具备的技能、获得的奖项与荣誉等）

2）适用人员

①有稳定、连续工作经历的面试者。

②教育背景符合岗位要求的面试者。

③以前的工作单位在业内很有名气、声誉较好的面试者。

④有清晰的职业发展轨迹的面试者。

⑤有连续岗位调动和晋升经历的面试者。

（3）混合式简历。混合式简历结合了功能式简历、时序式简历的功能和特点，在介绍工作经历和教育经历时，用时间线的表现方式可以让各项数据呈现得更加直观，同时结合岗位的需要，介绍自己具备的技能和素养，凸显自己的特色和亮点。

1）通用模板

姓名

地址

手机号码

固定电话

电子邮件

求职意向（申请的岗位名称、职业生涯规划等）

任职资格与能力（与申请岗位相符的外语能力、计算机能力、从业资格认证等）

工作经历（用倒叙方式写出过往工作经历，包括从事的岗位、主要负责的工作、实际取得的成果等）

教育背景（受教育时间、学校、专业）

2）适用人员

①个人工作经历丰富，总结性描述具有较强条理性的面试者。

②有多项工作经历或工作史上有多段空白期的面试者。

③工作上有显著成就、能力突出的面试者。

总之，简历的这三种格式各有特色，面试者可根据自身的实际情况进行选择。

3. 简历的制作原则

（1）篇幅适宜。内容要详略得当，个人技能、专业素养、经验成果作为个人的特色和亮点，要在简历上得到全面呈现，而其他无关紧要的内容则可以删减或者压缩。简历篇幅太长容易引人厌烦，尽量写与岗位需要和职业发展相关的经历和成果，阐述清楚自己取得的工作业绩，继而展示本人的工作能力和专业素养，避免啰唆、重复。但是也不能过于简单，重点内容不能随意省略，否则个人的优势很难被招聘单位发现，继而影响求职结果。

（2）注重美观。在对简历内容进行排版时，不能犯常识性错误，要注意排版的美观大方，不能在简历中出现错别字，纸质简历不能沾有污渍。为了避免失误和错误，可以做好简历投递前的准备工作，例如让朋友帮忙检查或者使用计算机软件自带的检查工具。简历要控制好面数，一般的简历不能超过正反两面，版面的内容要适宜，不能塞入过多文字，导致版面内部的文字行间距较小，影响观感。

个人简历的纸张也会影响招聘者对面试者的主观印象，不能为了节约，而在印刷上使用一些质量较差的纸张，显得不够大气。

（3）内容客观。在介绍自己的教育经历、工作经历和专业能力时，要做到准确客观，不能为了包装自己而使用虚假的信息和数据，要如实反映自己的工作情况和能力水平。过往工作经历的阐述也要做到真实、准确，不能出现时间线上的错误，以免影响求职效果。

（4）量身定制。简历应避免千篇一律，如果向多家单位投递简历时，最好根据不同单位的实际情况和岗位需要，分别制作相应的简历，每一份简历的重点不一样，更加契合不同单位的实际情况，也体现个人端正的求职态度，更能获得用人单位的青睐。

（5）强调优势。简历最重要的是内容，要详细介绍个人能力、取得的成绩或业绩，充分凸显自己的亮点和特色。在介绍工作经历时，不能仅仅围绕自己何年何月在和何地工作这样浅显的内容，更重要的是凸显自己在这个单位做了什么、取得了什么成绩等。

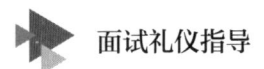

简历的优化技巧

1. 运用 STAR 法则

STAR 法则是优化简历常用的一种技巧，主要在简历中突出个人经历和成就。

S——situation（背景）：描述经历的背景。例如，在什么情况下，接受什么任务或者担任什么职务。

T——task（任务）：描述任务和目标。例如，任务是什么？需要达成什么目标？你在其中承担了什么？

A——action（行动）：描述完成任务，达成目标采取的具体行动和策略。例如，用了什么方法和路径？做了哪些事情？

R——result（结果）：描述任务完成的效果和取得的成绩。例如，任务完成的结果是什么？取得的成效是什么？从中获得了什么？

使用 STAR 法则可以结构化地梳理过往的成就和经历，还有助于招聘者看到面试者的核心能力和价值。

2. 运用数字具象化技巧

数字具象化是指在简历中使用具体数字和数据来证明取得的成绩，通过遵循数字具象化原则，可以帮助招聘者更好地了解求职者的能力和价值。因此，在描述成就和经历时，尽量使用具体的数字和数据，而不是模糊的描述。成果量化，以展示其价值，如"这个活动增加了 20 万个粉丝"；也可以使用对比数据突出成就，如"产品的销售额从每月 10 万元提高到每月 20 万元"；在描述增长、减少或改进时，使用百分比来突出成果，如"产品的退货率降低了 20%"。

要注意描述成绩时使用合适的度量单位，使数据更具可比性和可读性。

3. 运用关键词技巧

关键词是指在简历中突出与招聘岗位相关的关键词，可以让招聘者较快速抓住求职者表达的重点且印象深刻，从而有助于招聘者更好地了解求职者的能力和经验，提高得到面试机会的概率。例如，在具备的相关能力和经历中找出与工作职责和岗位要求相关的关键词，并将其放在显眼的位置，可以使用符号、粗体或其他格式来突出这些关键词。

技能要求

简历修改指导

操作步骤

步骤1 指导前沟通

（1）了解面试者基本信息。面试礼仪指导人员通过面试者填写的个人信息表，了解其个人基本信息、教育背景、相关工作经历、个人特长和技能、职业目标等。

（2）了解应聘岗位信息。面试礼仪指导人员通过面试者填写的岗位说明书，了解应聘岗位的性质特征、工作职责、岗位任职资格、岗位的组织内外关系、劳动环境等。

步骤2 指导修改简历内容

（1）检查求职意向是否清晰，如表述模糊，应指导其修改。

（2）检查结构是否清晰，表述是否规范。应使修改后的简历结构清晰、表述规范。

（3）提炼招聘信息的要点，根据应聘单位、应聘岗位要求指导面试者对简历内容进行修改，突出优势信息，删除或简化不相关的信息。

步骤3 指导修改简历格式

（1）字体选择。中文字体建议选择"宋体、黑体、楷体、仿宋"等，英文、数字建议选择"Times New Roman"；字体大小一般以小四号为宜；行间距以阅读舒适为宜。

（2）设计合理。用色统一，不采取花哨的配色；版式简洁，条理清晰。

（3）图片标准。个人形象照片一般为标准免冠证件照，切记不要过分美化照片或使用像素过低的照片。

步骤4 指导修改简历制作

（1）篇幅控制在一页A4标准纸张（正反面）。

（2）选用模板简洁明了，如应聘岗位与设计专业相关，可采用较新颖或设计感强的版式。

（3）附上重要信息的佐证材料，如个人的作品、含金量高的获奖证书等。

注意事项

1.简历修改的整体标准为简洁明了、结构清晰、针对性强、优势突出、字词准确。

2.简历要以PDF格式保存，避免在不同的浏览环境（手机端、计算机端）中出现乱码、排版错误等情况。

3.简历要准备电子版和纸质版。

学习单元 3

面试者准备

📖 知识要求

导言：在面试中，面试者都希望能够让面试官"一面倾心"，获得录用机会。面试官对面试者产生的第一印象主要来自面试者的外在形象和言行举止，据此判断一个人的内在素养和个性特征。如果想做到"一面倾心"，就要从由内而外、由表及里做好面试前形象准备和心理准备。

一、面试形象准备

1. 面试发型要点

发型是个人形象的重要展示，体现一个人的精气神。男士的发型不能过长，要干净利落，建议在面试前一周进行发型修整，头发前不覆额、侧不掩耳、后不及领。女士长发短发皆宜，但是头发长度超过肩部的，建议将其束起或盘起，不宜随意披散。适宜的发型如图1-5所示。

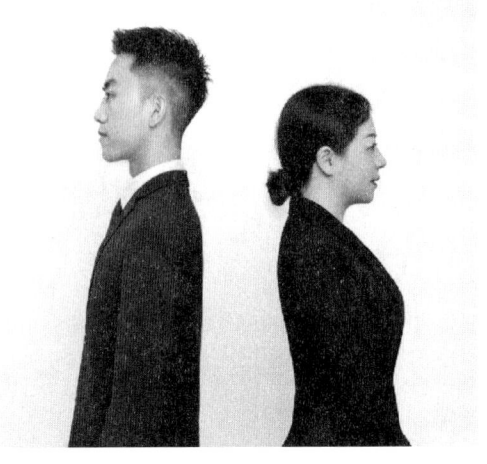

图1-5 发型

面试前，面试者应对应聘岗位的职业形象有所了解，也要特别注意对发型有要求的岗位。例如，某些岗位明确要求发色均匀，自然黑或深棕色，对发型长短、色彩有严格的规定，不允许留超短发和怪异发型，禁止出现烫染、光头、板寸、鸡冠头等发型，面试者在面试前应按照标准对发型进行整理，切勿标新立异。

2. 面试妆容要点

面试时要对面部进行修饰，保持面部干净、清爽、自然，如图1-6所示。

男士要将胡须剃除干净，注意修剪鼻毛，对眉毛稍做修饰，可以使用妆前乳或隔离霜对脸部皮肤进行简单修饰。

女士可以化淡妆，结合自己的外形特点和性格特点，合理选择化妆的方式才能锦上添花。

图1-6 妆容

（1）女士化妆技巧。不同的脸形在化妆时需要关注的重点有所不同，一定要结合自己的实际情况，选择合适的化妆技巧。不同脸形的化妆技巧见表1-2。

表1-2　　　　　　　　　　不同脸形的化妆技巧

脸形	形态特征	调整方向	化妆效果
圆形脸	肌肉丰盈，发际线和下颌骨比较圆润；纵横比例对比不明显，纵向略比横向长些，中庭短，显得面部形状较宽	修饰时须注意线条力度的刻画，提高眉毛的高度，拉长唇部的宽度	拉高眉峰，使中庭因眉毛的趋势向上而上升，唇部应略微加强厚度、扩大宽度
长圆形脸	颧骨和下颌骨的宽度均衡匀称，形状窄长，中庭长而显著，属于线条柔和的脸形	注意五官平直线条的塑造，降低眉毛和眼睛的高度，横向扩大眼部外侧的范围	描出平直的眉形，降低眉峰的高度，同时塑造略微下斜的长形眼睛，眼尾略带棱角。唇部形状宜宽而扁平，缓解下巴的尖锐感。颊红沿颧骨下方横扫，在面侧中央做适当分割
正方形脸	颧骨和下颌骨宽度均衡匀称，中庭短，纵向横向比例相仿，下颌角明显，发际线和下颌骨都比较平直，属于线条硬朗的脸形	修饰时注意线条弧度的塑造，提高眉毛的高度，降低唇部的位置	描出细长清晰的弧线眉，使中庭因眉毛最高点位置的上移而上升。上唇薄，下唇中央略厚，形状清晰，有微笑感

续表

脸形	形态特征	调整方向	化妆效果
长方形脸	颧骨和下颌骨的宽度均衡匀称，中庭偏长，面部形状长而窄，下颌角明显，发际线和下颌骨都比较平直，属于线条硬朗的脸形	修饰以降低眉毛的高度、扩大眼睛面积为主	描出细长清晰、坡度平缓的弯，使中庭因眉毛最高点位置的下移而下降。提亮眉眼之间的位置，使之显宽。颊红呈圆圈状扫于颧骨突起处，弱化颧骨，拉宽脸部
倒三角形脸	颧骨处宽，下颌尖窄，上下宽窄比例悬殊，不是匀称的脸形	修饰以收敛眉毛与眼睛的外侧宽度、增加唇部宽度为主	将眉峰内移，描绘平直的眉毛，缓解面部线条的尖锐感，眼睛也修饰为平和的长圆形。唇形线条弧度平缓，唇峰略微分开，扩大唇部宽度以缓解下巴的尖窄感
正三角形脸	下颌骨线条平直，宽而有肉，太阳穴相对内凹，显得面部上窄下宽，三角形脸是较难修饰的脸形	需要以富有曲线感的发型辅助修饰，用活泼的线条减弱过于稳重的脸形格局，修饰以加宽眉毛、眼睛以及唇部的宽度为主	将眉峰外移，眉尾拉长，描绘弧度较大的眉毛，以缓解下颌线条的平直感。眼睛横向拉长，眼尾上扬，眼线略粗。唇形带有棱角，弧度明显。颊红斜扫，收拢面部线条
菱形脸	颧骨宽，太阳穴和下颌尖窄，显得面部形状中部宽，上下窄，是化妆中较难修饰的脸形	修饰以收敛眉毛与眼睛的宽度、扩大唇部的宽度和面积为主	先描绘平直的短眉，再塑造平直的眼部。唇部线条平直，唇峰略微分开，呈丰润的长椭圆形

（2）化妆注意事项

1）妆容不能过浓，减少各类色调较重的化妆品的使用。在选择粉底液时，要根据自己皮肤的颜色合理选择，以增加面部的光彩。根据自己眼形的特点，选择合适的眼影色，如果佩戴眼镜，可以适当加深浓度。使用口红时，要注意颜色与自身气质的吻合度，不要使用颜色过于鲜艳的口红。

2）适合自己的才是最好的。化妆是为了给个体的形象、气质加分，在化妆时不能脱离自己的实际情况，要与服装、气质等协调统一。如果平时没有化妆的习惯，就不用刻意去化妆，做到整体简单大方、自然即可。

3）不要在他人面前化妆或补妆。在面试的场合中，女士进行化妆或补妆时要避开他人，以免给人不尊重他人的感觉。可以选择去洗手间或休息室进行。

3. 面试着装要点

（1）着装原则

1）时间原则。面试一般都在白天进行，并且都是在正式办公场合，因此面试者着装要正式，以表现出专业性。随着季节变换，根据气候、温度的变化，调整着装。

2）地点原则。如果在招聘单位的办公地点进行面试，则需要穿得正式得体。如果招聘单位在其他场地设置考点，则要因地制宜，例如去健身俱乐部应聘教练，面试者如果穿得西装革履则会显得格格不入。

3）场合原则。面试的场合一般比较正式，面试者要尽量做到得体、整洁、大方。

4）协调原则

①着装要注意色彩的搭配。服装色彩搭配时，一般不超过三种颜色，否则会显得过于花哨。全身服装色彩要选择一个主色调，围绕这个主色调再进行颜色选择和搭配。灰、黑、白三种颜色较为百搭，使用的频率也比较高。不同的色彩有着不同的象征意义，详见表1-3。

表1-3　　　　　　　　　　　　不同色彩的象征意义

色彩	象征意义
暖色调	红色给人阳光、乐观、向上的感觉
冷色调	黑色较为沉稳，也能体现穿搭者可靠、成熟的特点；蓝色较为内敛，不过分夺目，也不会过于沉重
中间色	黄绿色较为中和，给人安静的感觉；红紫色较为明快，可以很好地吸引人注意；紫色显得高贵
过渡色	粉色往往使人显得年轻、活泼、有朝气；白色百搭，显得专业、纯真；淡绿色给人愉悦、青春的感觉

为了做好服装色彩搭配工作，可以从以下几个方面入手：一是上身和下身服装的颜色是相同的，为了避免呆板，可以选择一些装饰物进行过渡；二是同色系配色，处于同一色系的颜色在搭配上较为和谐；三是在搭配时选择一些对比度比较强烈的颜色，这对于颜色选择、搭配能力提出了更高的要求，如果搭配得当，可以给个人形象加分。

②着装要与肤色、体形相协调。如果皮肤不够白，尽量不要选择一些颜色很深或者颜色过于明亮的衣服，会给人带来不佳的观感，尤其是亮黄色、黑紫色等，会让皮肤看起来更黑。皮肤发黄的人，避免穿黄色系的衣服，否则会带给人没有精神和朝气的感觉。皮肤过白的人，避免穿绿色服装，会让脸色显得更加苍白，给人不够健康的感觉。

对于个子不够高大的人来说，可以选择一些颜色较浅的服装，增加人的精气神，视觉上让身形更加匀称。而对于身材比较高大、偏胖的人来说，可以选择一些颜色较深的衣服，从视觉上压缩身形。在身材局部细节上，可以根据自己的实际情况选择合适的衣物，肩部较窄的人尽量选择一些板正、有垫肩的衣服，脖子较短的人不宜选择高领上衣。

总之，打扮既要彰显个性，又不能随心所欲，要结合时间、地点和场合的要求，考虑自己的肤色和身形特点，学会扬长避短，通过服饰展现自身魅力，有助于面试的成功。

（2）男士服饰礼仪

1）西装的选择

①西装的尺寸要与自己的体形相匹配，不能过于宽松或者窄小，衣服的长度一般以刚覆盖臀部为宜，袖长到手掌虎口处，上半身和下半身的比例应该平衡，给人的观感佳。

②遵循三色原则，三色原则是指西装颜色不能超过三种，否则会给人花哨、不稳重的感觉。

③西装为单排扣时，可扣可不扣；双排扣时则一定要扣。

④西装不能过于凸显品牌标识，以免给他人浮夸、炫耀的感觉。

⑤根据身形选择合适的款型。身材比较富态的人宜选择双排扣、非收腰西装，可以弥补身材上的不足，还会带给他人积极正面的感受；身材比较瘦小的人宜选择合体剪裁的西装，可以显得人精气神十足。

⑥衬衫要和西服形成搭配，包括款式、颜色等，不能给人突兀的感觉。衬衫的领口和袖口也是不容忽视的细节，要注意干净整洁，衬衫袖子的长度不能过长。

⑦西装要熨烫妥帖，不能有明显褶皱，而且西服口袋不能塞过多东西，否则西服的口袋会突起严重，给人不好的观感。建议选择一个质地较好的皮包放置随身物品。

2）西装的配饰

①鞋袜。鞋子是服饰的重要组成部分，鞋子应具有质感、干净无尘，款式不能过于夸张，要得体稳重。鞋子的颜色要和西服的颜色相匹配；款式休闲的西装可以搭配休闲风格的鞋子。袜子的颜色要和西服、鞋子的颜色相匹配，以纯色为佳，切勿穿着有品牌标志的运动短袜配皮鞋。

②领带。领带佩戴常见的错误有以下几种。

一是忽视衬衣领子和领带结的搭配。一般来说，大尖领配饱满的领带结，小方领配方领带结，圆领配三角领带，纽扣领配长领带结，搭襻领配三角领带结。如果大尖领的衬衣搭配三角形的领带结，容易给人尖锐感，产生不易相处的感觉。

二是使用色彩斑斓的领带。面试场合大多较为严肃，不要以耀眼的色彩去夺人眼球，正式的西装搭配五彩的领带只会给人不协调的感受。选择领带时，不一定为纯色，但是色彩不宜超过三种。

三是领带探出衣襟外。在任何场合中，如果西装上衣的领口或下摆处有领带"探头探脑"的身影，将会给人留下粗心、不慎重的印象。领带的长度要按照固定标准，不能超过腰带的位置，但是也不能太短，否则会从上衣领口处露出来。

四是领带放于羊毛衫外。在寒冷季节，男士通常会在西装里面搭配羊毛衫，此时要记得将领带放于羊毛衫与衬衫之间，否则，在羊毛衫外看见一条飘扬的领带很不雅观。

五是乱用领带配饰。为了美观或者防止领带挪位，会酌情使用一些领带配饰，主要有领带夹、领带针和领带棒，主要使用方法见表1-4。

表1-4　　　　　　　　　　　　领带配饰的使用

类型	说明
领带夹	可以起固定领带的作用，位置也有明确的规定，不能过高或者过低。另外，领带夹不能别在外面的西装上
领带针	可以起固定领带的作用，还具有一定的装饰作用，在使用时要注意方向，有图像的一端应该露出来，而且固定的位置也有讲究，一般在第三颗扣子的位置
领带棒	将领带固定于衬衫领口处，可以避免领带移动位置，而且显得简约优雅

（3）女士服饰礼仪

1）女士的套裙长度要合适，太长显得不够利落，太短显得不够端庄，一般以及膝裙为宜。套裙应剪裁得体，既不会因为过于宽松而显得气质松垮，也不会因为过于紧身而显得不够大方得体。

2）要选择质量上乘的面料。服装的面料要做到平整、挺括，面料不能有明显的褶皱和毛球。

3）色彩要保持中性，不能过于明亮和繁杂。套裙可以使用冷色系，不宜过于明亮，色彩的种类不能过多，以免给人眼花缭乱的感觉，显得不够得体。

4）套裙的图案不能过于夸张，可以选择条纹等不明显的图案进行装饰，既不失时尚又大方得体。

5）穿着套裙时要选择合适的鞋子和袜子，一般是深色皮鞋和浅色丝袜，显得简单、专业。

6）饰品搭配。选择饰品时，要控制好数量和种类，遵循"少而精"的原则，不能使用太多装饰品，否则会产生喧宾夺主的感觉，给人不够稳重大方的印象。

4. 面试形象禁忌

（1）忌刻意包装。一些面试者为了显示自己对面试的重视，男士把头发梳得油光发亮，女士则模仿社会流行时尚——身着短裙、休闲T恤，脚蹬尖嘴高跟鞋，尽显混搭时尚风，与面试的正式氛围格格不入。

（2）忌与职业性质不匹配。不同的工作性质对职业形象的要求也不同。例如，应聘销售岗位的男士西装笔挺，却不打领带、脚蹬跑鞋；应聘财务岗位的女士珠光宝气，随身携带价格不菲的大牌挎包。这些与职业形象不符合的穿着打扮很有可能成为面试时的减分项。

（3）忌不自我。面试前，重视自己的形象是面试者对面试的尊重，一般以干净清爽、整洁简约、庄重自然的形象为宜。有的面试者用力过猛，发型、着装与自己的风格相差甚远，这就导致面试时浑身不自在，时而摸头发，时而扯衣服，显得极不自然。应注意，在任何时候都应该以保持自我为先，适度修饰即可。

（4）忌不自信。爱美之心人皆有之，有的面试者认为形象好就是长相好、身材佳，在面试现场看到其他面试者良好的外形时，就会陷入自卑情绪，对自己的妆容、穿着不自信。这样导致的后果是由内及外的，面试者会将这份不自信带到面试中，影响面试表现。

二、面试心理准备

1. 面试抗压准备

每个面试者或多或少都有压力。面对这些压力处置得当十分重要，如果采取了不合适的处理方式，就会带来较大的负面影响。面试者应该在面试之前做好相应的准备，抗压准备主要如下。

第一，为自己做一份职业考查，明确自己的职业定位，明确自己想要从事什么样的工作，这一点是非常重要的。

第二，为自己做一份科学的职业规划，根据自己的情况客观地选择未来的职业道路。在职业规划中，个体要充分认识自己的实际情况，这种实际情况不仅体现在个体的能力层面，也体现在个体的性格层面，要充分了解自己的爱好和特长。只有自己有强烈的求职愿望和探索欲望，才能在工作中获得快乐，能够持续不断地激励自己进步发展，继而推动自身能力的提高。

第三，降低期望值。对于工作的期待和目标不能定得过高，不能人为设定太高的标准，否则一旦无法达到这一标准，容易产生失落感，继而带来负面的情绪，不利于工作的顺利开展。

第四，不要害怕被拒绝。不管是成功的经验还是失败的经历，这些都是属于自己的宝贵财富，要善于从成功的经验中总结方法，从失败的经历中吸取教训，改正自己的不足，帮助自己更好地提升能力。因此，面试者要积极地正视每一次的被拒绝，查漏补缺，努力让自己在每一次面试中都能有所收获、有所提高，为自己下一次的面试增添胜算。

第五，正确看待面试失利。要认识到失败只是暂时的，眼光应该放得长远一点，要看到之后的希望和前景，正视挫折带来的考验，并且学会克服困难，迈向成功。

2. 面试前的心理放松技巧

很多面试者在面试之前会由于压力过大而产生心理危机，主要表现为烦躁、失眠、自我否定等，不仅不能正常作息，还会影响面试时的正常发挥。因此，面试前的心理放松对于这些面试者来说是非常重要的，掌握面试前的心理放松技巧有助于缓解紧张和焦虑，在面试中发挥出最佳水平。

（1）身体放松法。可以尝试先闭上眼睛，然后开始放松肌肉组织。也可以用深呼吸缓解紧张情绪，尝试慢慢吸气，然后慢慢呼气，重复几次，直到感觉放松。

需要注意的是，要通过鼻子缓慢地呼吸，呼出的时间应当比吸入的时间长，保持节奏缓慢，不要强求自己，注意呼吸的深度和强度，并使身体逐渐放松。

（2）心理暗示法。可以在心理上进行正向自我暗示，告诉自己"我是优秀的，有足够的能力应对面试"。回想过去的成功经历，以增强自信。也可以采用冥想放松法，身体在放松的状态下进行呼吸，重复某个字，专注于这种重复工作，很快就可以放松下来。

（3）注意力转移法。在面试前可以进行一些有助于放松的活动，如散步、听音乐、练习瑜伽、看电影等，转移面试前的紧张和焦虑情绪。

（4）自我赋能法。面试前可以与亲朋好友坦诚说出自己的紧张和担忧，他们给予的建议和支持是很好的赋能，将会增加面试的信心。面试者自身也要尽量保持积极乐观的心态，积极为自己赋能，相信自己能够应对各种挑战。

（5）调节节奏法

1）睡眠调节。在面试前保持良好的作息，确保充足的睡眠，有助于保持良好的精神状态。

2）饮食调节。在饮食上稍做调配，会有效缓解面试压力。面试之前，面试者的饮食一是要注意不要食用会加剧压力的食物和饮料，如咖啡、酒精等刺激性较强的饮品；二是多食用可以帮助缓解压力的食物，如复合型碳水化合物类食物、富含 B 族维生素

的食物等。

3）面试状态调节。提前进入面试状态，面试者需要提前了解面试的流程和可能遇到的问题，有助于减轻未知带来的紧张感。提前准备和练习回答面试问题，增强面试时的自信心。面试当天提前到达面试地点，熟悉周围环境，有助于缓解紧张情绪。

（6）现场减压法。面试感觉紧张时，进行微笑是一个可行的减轻压力的手段，在保持微笑的同时对自己进行鼓励，保持积极向上的状态。

总之，面试前的心理放松旨在调整心态，缓解紧张情绪，在面试中更好地发挥实力。

 技能要求

求职面试形象设计

操作步骤

步骤1　形象识别

（1）识别面试者形象特征。可以指导面试者完成自我形象定位考查，见表1-5。

表1-5　　　　　　　　　面试者完成自我形象定位考查

形象类别	形象描述	你期待的形象
发型	1. 你对目前的发型满意吗？希望做怎样的改进？ 2. 你希望在发型改变后达到什么效果？	A. 休闲发型，打理简单（短发至中长发） B. 严谨发型，需要打理得一丝不苟（中长发至长发） C. 正统发型（长度合适，可以稍微弯曲） D. 华美发型（有明显波浪，长发） E. 帅气发型（短发）
脸形	1. 你属于什么脸形？ 2. 最满意面部哪一部分？ 3. 最希望改变面部哪一部分？	A. 浓妆艳抹 B. 轻妆淡抹 C. 减少修饰 D. 棱角分明
身形	1. 你的身高是多少？ 2. 你认为自己的着装符合自身气质吗？ 3. 你的身形特征是什么？	1. 你喜欢的服装款式 A. 牛仔裤搭配T恤 B. 西装套装 C. 上下装组合 D. 上窄下宽组合 E. 不对称组合

续表

形象类别	形象描述	你期待的形象
身形		2. 你关注的着装细节 A. 配饰（如丝巾、别针、发卡等） B. 色彩（如素色系、亮色系等） C. 款式（如宽松、紧身、对称等）

（2）了解常见的职业形象特征，见表1-6。

表1-6　　　　　　　　　　常见的职业形象特征

职业类型	形象特征
庄重型	职业形象具有反映职业本身的信任度，体现亲和力，能沟通和服务的主动性，款式简洁，色彩以素色为主
精英型	职业形象体现独立个性和对高品质的追求，注重形象细节
商务型	公关意识强，强调同客户的互动和交流，需要体现职业化特征，服饰色彩选择考究，注重形象礼仪
制服型	职业中强调统一规范，带有职业的明显特征，便于开展具体工作，通常同一单位（企业）职业形象具有同质性
艺术型	职业通常有传播属性，强调个性和创造力，不拘一格，包容性较强

步骤2　面试形象设计

面试形象设计要点见表1-7。

表1-7　　　　　　　　　　面试形象设计要点

职业类型	发型	妆容	服饰
庄重型	干净、整洁	男士面部整洁，女士着职业淡妆	款式简洁，男士可选择白色或浅色暗格衬衫加深西裤或正装，女士可选择套裙或正装
精英型	精致	男士面部整洁，女士注重职业妆的细节	着正装，建议用耳饰、皮带、手表、丝巾等饰品装饰着装细节
商务型	干净、整洁	男士面部整洁，女士着职业淡妆	着灰色、黑色或藏青色为主的职业装，可以选择相对明亮的配饰加以修饰
制服型	干净、规范、大方	面部整洁，自然大方。女士根据岗位性质选择是否着职业淡妆	制服优先，如无，干净得体即可，无须过多装饰

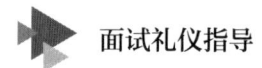

续表

职业类型	发型	妆容	服饰
艺术型	打理整洁	自然	可以选择正式的服饰，也可以选择带有个性的服饰，但不适宜过于夸张

步骤3 面试形象评估

可以采用"面试者面试形象评分表"进行面试形象评估，见表1-8。

表1-8　　　　　　　　　　面试者面试形象评分表

评价方向	评价要素	评价等级				
		差（1分）	较差（2分）	一般（3分）	较好（4分）	好（5分）
与应聘职业（岗位）形象特征的匹配度	发型					
	妆容					
	服饰					
	职业气质					
	整体形象					
面试形象建议						

注意事项

1. 面试形象评估的基本要求是与岗位特征相匹配，做到干净、整洁、得体。
2. 面试形象要贴合面试者的日常习惯，自我感觉需要舒适、自然。

培训任务 2

面试过程礼仪

学习单元 1

面试中的行为礼仪

知识要求

导言：面试中的礼仪包括面试者的行为举止、语言谈吐、沟通技巧等，其核心是在面试中体现尊重，表达关注。

一、入场礼仪

面试入场是建立面试关系的重要环节。根据首因效应，面试者在入场时就能向面试官显露自己的职业水准和道德素养，给面试官留下良好的开场印象。

1. 恪守时间观念

（1）提前规划。在接到面试通知后，提前了解前往面试地点的交通路线，选择合适的交通工具，考虑到不可控因素，做好备选方案。面试当天合理安排时间，留足路程时间。

（2）提前抵达。一般在面试前 20~30 分钟到达面试地点，既可以利用这段时间熟悉面试环境，也可以利用这段时间做个人应试状态的调整。

若因不可控因素无法准时到达，应提前与面试联络人员进行沟通，简要说明不可控原因、应对措施以及抵达时间。

2. 进入面试场地的礼节

（1）等候礼节。在等候面试期间，面试者应注意自己的言行举止，力求给相关工作人员留下良好的正面印象，这既能为面试成功加分，也有助于就职后打造和谐的人际关系。因此，应注意以下几点。

1）与面试场外组织人员礼貌地打招呼，主动表明自己的身份，在工作人员的指引下到达指定区域落座，等候面试。

2）进入等候区，注意个人行为。等待时不要来回走动，以免显得浮躁不安；不要在场外旁若无人地大声说话或嬉笑打闹，以免干扰他人工作；不要在场外吃东西、抽烟等。

3）不要向工作人员询问企业情况或索要材料，既不对即将面试的企业加以评论，也不驻足观看工作人员的工作，以免引起他人的反感。

4）一般会在工作人员指引下进入面试场地，不要自行前往面试场地打探。

5）等候期间不论获得他人何种帮助，都应当表示感谢。

（2）入场礼节

1）检查事项。要检查需要携带的资料和证件；对自身形象再做整理，可通过深呼吸调整，平缓情绪，以最佳状态进入面试场地。

2）进门礼节。进门时应轻叩房门，得到应允后方可进入。如果有工作人员指引，则在门前稍做等待，得到应允后面带微笑进入。不要直接推门而入，给对方留下唐突、莽撞的印象。

3）入座礼节。进入面试场地后，可侧身将房门轻轻关上或礼貌感谢代劳的现场工作人员。自然环视整个房间，确定面试考场的基本布局，快速找到自己的位置。可在完成问候礼节后，按照要求落座，不要在入座过程中制造出刺耳的噪声。入座礼节如图2-1所示。

3. 提升首因效应的细节

（1）始终正面朝向面试官，目光保持平视，与面试官的视线接触。

（2）不要看向天花板或盯着地面，禁止摇头晃脑、东张西望、垂肩驼背。

二、致意礼仪

致意礼是一种见面礼节中表达问候的方式。面试中的致意礼指面试者向面试官表达敬意的礼节，通常包括点头致意、微笑致意、鞠躬致意、起身致意、握手致意等。

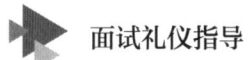
面试礼仪指导

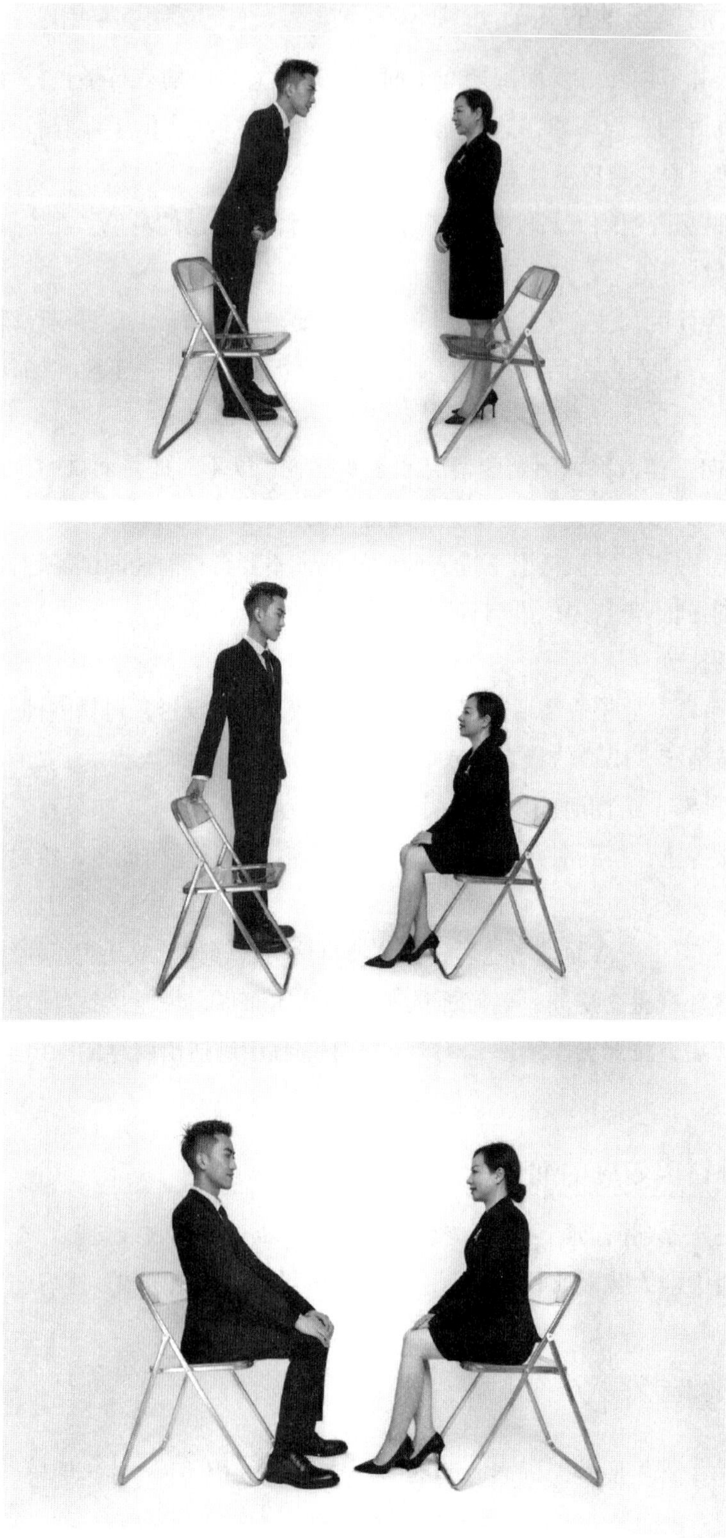

图 2-1　入座礼节

1. 点头致意

点头致意一般用于在公众场合中不适宜上前打招呼，而采用的表达敬意的方式。面试官和面试者多为初次见面，面试者不适合过于热情地向面试官表达问候，但又不能对面试官熟视无睹，因此可以采用点头致意的方式。在点头致意时，目光要与面试官接触，头微微向下点一次，幅度不宜过大，不宜重复点头。

2. 微笑致意

微笑常用于表达礼貌和尊重，很多场合都可以使用。在面试中，通常和点头礼一起使用。

3. 鞠躬致意

鞠躬致意即弯身行礼，是一种较正式的表达敬意的方式。其要领为站立姿势，身体上部向前倾斜，视线由注视面试官转为注视地面。在面试过程中，面试者的弯腰幅度在15°～45°，幅度不宜过大，且行礼时鞠躬停留时间不宜过长。女士可在行礼时，将双手搭放于上腹部。

4. 起身致意

起身致意一般用于两种情况：一是面试官晚于面试者进入现场时，面试者起身表示尊重；二是面试结束时，面试者起身向面试官表达谢意。起身致意能够在一定程度上体现面试者的谦恭。

5. 握手致意

握手礼是运用广泛的社交礼节，但在面试中，并不推荐面试者主动使用。只有当入场后，面试官主动伸手向面试者问好时，面试者要以握手礼回应。面试者坚定自信的握手能给面试官带来好感，因为握手的过程在某种程度上显示了一个人的专业、自信、魄力和见识。具体来说，在与面试官握手时，面试者应当注意以下几个方面。

（1）握手的方法。准备与面试官握手时，面试者应走上前去，距离面试官约一步远，上身稍向前倾，两足立正，然后伸出右手，掌心微向上，四指并拢，拇指张开，与面试官的手合在一起。一般男士和男士握手的虎口，显示男人气概；女士和女士之间的握手，力度要小，一般握手的四指，显得优雅；如果面试官是女士，则回应时要靠手部前段，握其四指即可，力度要小。注意是用单手握手而非双手；握手的力气不宜过大，时间不宜过长，一般以3秒为宜；握手时，应该面带微笑，注视面试官，同时头部略往下低，以示恭敬。握手的姿势如图2-2所示。

图 2-2 握手的姿势

（2）握手的时机。面试者不能主动伸手，当面试官伸手时，需要快步向前与之握手，不能让面试官伸着手等待。

（3）握手的幅度。以右手稍用力握住对方的手上下轻摇，用心去和对方握手，显得自信、诚恳又不失礼貌。

（4）握手礼的禁忌。异性握手不宜握手的虎口，面试者与面试官的握手力度不能太大，时间不宜太久，如果手上拿有资料等物品，应将物品放下后再回应握手。如果有多位面试官，应一一回应，不可左右手同时去握，形成交叉握手的现象。

三、体态礼仪

体态语是一种无声的表达，面试中的体态既能体现面试者的整体形象，也能向面试官传递个人素养和对待的面试态度。面试中的体态语包括站姿、坐姿、走姿、蹲姿等基本姿态，以及手势语、表情语等。

1. 站姿

（1）站姿要点与禁忌。面试时，良好的站姿体现男士挺拔稳重的阳刚之气，女士亭亭玉立的柔和之美，忌姿态僵硬、无精打采、自由散漫。面试站姿要点与禁忌见表 2-1。

表 2-1　　　　　　　　面试站姿要点与禁忌

	要点	禁忌
挺	头正目平，肩平挺胸	歪头斜视，耸肩含胸
直	双腿直立，微收下颌，直腰收腹	弯腰驼背，大腹便便

续表

	要点	禁忌
展	双肩展开，胸部开阔	溜肩，耸肩
高	重心向上，腿部挺直，臀部向内夹紧	松垮，无精打采

（2）面试中推荐的站姿

1）男士站姿。一是标准式，两臂自然下垂，手指自然弯曲，掌心向内轻触裤缝；两腿直立，两脚靠拢或脚尖呈"V"字形；二是前腹式，两臂自然垂直，右手半握拳握住左手手腕，左手五指并拢半握拳，双手叠放于下腹前。男士站姿如图2-3所示。

标准式　　　　　　　　　　　　　　前腹式

图2-3　男士站姿

2）女士站姿。一是前腹式，双臂自然下垂，将双手叠放于小腹前，右手叠加在左手上，脚跟靠拢，脚尖呈"V"字形；二是丁字式，在前腹式的基础上，脚尖呈"V"字形后，一脚的脚后跟靠在另一脚内侧，形成"丁"字形，根据脚尖朝向的位置，可分为"左丁字"和"右丁字"。女士站姿如图2-4所示。

前腹式　　　　　　　　　丁字式

图 2-4　女士站姿

2. 坐姿

面试基本上是在室内进行的，以坐为主，时间较长，面试者应当掌握坐姿的基本礼仪，向面试官传递积极的信息。面试时的坐姿包括就座的姿势和坐定的姿势。

（1）坐姿要点与禁忌。入座前应该征得面试官的同意或示意，不能径直走到座位前直接入座。入座应轻稳，动作幅度不能太大，不能制造出刺耳、不和谐的声音。坐姿应展现挺拔、积极的精神状态，忌无精打采、散漫随意。面试坐姿要点与禁忌见表 2-2。

表 2-2　　　　　　　　　　面试坐姿要点与禁忌

	要点	禁忌
头	头正目平，下颌内收，面带微笑	头靠座椅，长时间低头，歪头斜视，下巴扬起
身体	立腰，两腿自然弯曲，小腿与地面基本垂直	弯腰驼背，身体歪曲
腿	双脚平齐，可适当有一定的距离，女士两膝并拢	双脚张开角度太大，女士双膝分开，抖腿
手	两手掌心向下，叠放在两腿之上或桌面，与身体呈三角形	托脸托腮或抓耳挠腮，不时搓手，伸懒腰

（2）面试中推荐的坐姿

1）男士坐姿。头部挺直，双目平视，下颌内收；身体保持平直，肩部处于放松状态，不靠在座椅上；挺起胸膛，收紧腹部，身体上部稍微向前倾斜；坐时臀部占椅面2/3左右的面积；手自然放在双膝上或桌面上；双腿可正对面试官并拢，也可分开至间距与肩同宽，不得过大。男士坐姿如图2-5所示。

2）女士坐姿。女士在面试时的坐姿一般有四种，面试者可根据自身的特点和习惯选择。一是垂直式，腿脚并拢，双脚垂直于地面，上身保持直立；二是交叉式，在垂直式坐姿的基础上，将右脚尖向左脚的左后方伸出交叉，右脚掌的右侧点地，双腿并拢；三是斜放式，适用于穿短裙的女士，在垂直式坐姿的基础上，同时将双腿向左侧或右侧斜放，大致与地面成45°，双手自然放于腿上，压住裙摆；四是前后式，一脚前伸，全脚落地，另一脚后点，前脚掌落地，膝盖内侧贴合，双脚大致在一条直线上，双手自然合放于膝盖上方。女士坐姿如图2-6所示。

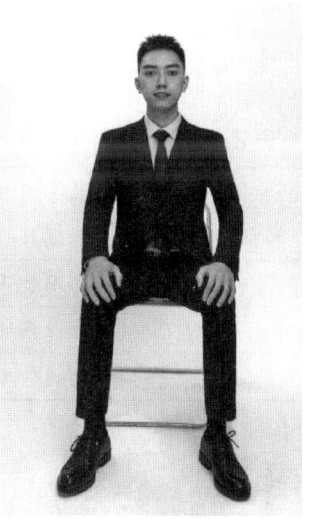

图2-5　男士坐姿

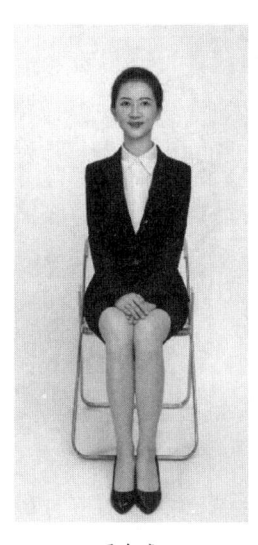 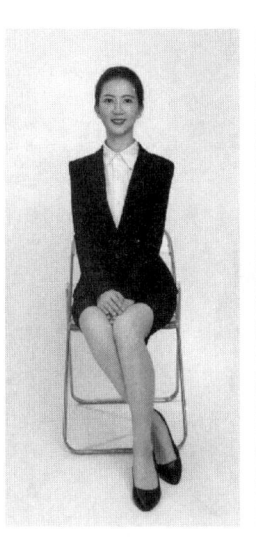  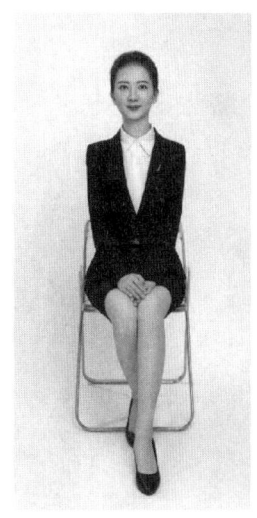

垂直式　　　　　　　交叉式　　　　　　　斜放式　　　　　　　前后式

图2-6　女士坐姿

3. 走姿

在面试过程中，面试者是不能随意走动的，但入场、离场时，或需要主动向前行致意礼、递送资料等情形，需要面试者走动。

（1）走姿要点与禁忌。步履从容、步速适宜、重心平稳是走姿的三个关键点。男士的步态应刚健、有力、坚定，体现阳刚之美；女士的步态应自然、端庄、优雅，体现柔和之美。面试走姿要点与禁忌见表2-3。

表2-3　　　　　　　　　　面试走姿要点与禁忌

	要点	禁忌
头	头正目平，下颌内收	摇头晃脑，下巴扬起
身体	双肩展开，上身开阔，立腰收腹，重心向上	弯腰驼背，双肩僵硬
手臂	自然摆动，摆幅适度	与脚同向
步速	匀速，既不显得匆忙，也不显得拖拉	来回跑动，磨磨蹭蹭

（2）面试中推荐的走姿

1）前行行走姿势。以直立式站姿为基础，表情放松，面带微笑，目光平视前方，两手半握拳，肩关节带动双臂使其前后自然摆动，摆幅不要过大，手臂向前时与身体约成30°，手臂向后时与身体约成15°，步伐均匀，速度适中，重心微微前倾，脚跟先着地，脚间距以本人一脚到一脚半的长度为宜。男士走平行步，女士尽可能让双脚走在一条直线上，前行行走姿势如图2-7所示。

图2-7　前行行走姿势

2）后退行走姿势。退出房间或与面试官告别时，用余光确定身后无人也无其他障碍物后，以前脚掌轻抚地面，欠身小步幅后退两三步，先转身再转头，最后离去。

需要强调的是，行走的步幅会因为着装、环境而有所差异。

4. 蹲姿

蹲姿是在特定情况下的暂时性体态。在面试中一般不会出现需要面试者下蹲的动作,但也有特殊情况会使面试者不得不下蹲,如资料不慎掉落需要捡拾时。

(1)蹲姿要点与禁忌。蹲姿的关键在于稳和雅,下蹲时应显得自然、得体、大方。面试蹲姿要点与禁忌见表2-4。

表2-4　　　　　　　　　　　面试蹲姿要点与禁忌

	要点	禁忌
头	头正目平,下颌内收	摇头晃脑
身体	上身挺直,立腰收腹	弯腰翘臀
双腿	高低式,女士还可采用交叉式	平行下蹲

(2)面试中推荐的蹲姿

1)男士蹲姿。男士一般采用高低式蹲姿,下蹲时左脚在前,全脚着地,右脚稍后,脚掌着地,后跟提起,左膝高于右膝,以右腿为主力支撑,双腿可分开适当距离。男士蹲姿如图2-8所示。

图2-8　男士蹲姿

2)女士蹲姿。一是高低式,下蹲时左脚在前,全脚着地,右脚稍后,脚掌着地,后跟提起,左膝高于右膝,以右腿为主力支撑,双腿贴紧,臀部向下;二是交叉式,左脚向右腿的右前侧迈步后,左小腿约垂直于地面,全脚着地,右膝从左腿后方向左侧伸出，右脚脚掌着地，后跟提起，两腿贴近合力支撑身体，臀部向下。女士蹲姿如图 2-9 所示。

高低式　　　　　　　　　　　交叉式

图 2-9　女士蹲姿

女士如果需要下蹲时，一定要注意护住胸前衣领和身后衣裙，以免走光。

5. 手势

手势语言是非语言交流的一个重要内容，它是指用手和手臂表示出的各种姿势。手势有着丰富的含义，能发出某些体态和情感信号，在面试中的合理运用能为面试者加分，因此面试者需要了解基本的手势礼仪。

（1）常用面试手势的要点

1）表示关注的手势。如果面试者的面试席位没有桌子、只有凳子，此时双手可选择交叉放在腿上或者呈半握拳式放在腹部；如果面试者的面试席位前面有桌子，可把手交叉呈半握拳式放在桌上，身体前倾靠近手，但不要两臂重叠端坐，会显得过于拘谨。

2）表示开放的手势。在交流或表达自我时，面试者需要接近并与面试官快速建立联系，所以表示开放的手势可以让面试官感受到自信与热情。例如，当需要用手指向面试官，表达"正如刚才各位面试官所提到的……"，此时的手势应该是手心向上，两手向前伸出，手与身体垂直，但注意手势的范围不能超出身体，以免给人张牙舞爪的不良感受。

3）表示有把握的手势。如果面试者在交流中想表现出对所述主题的信心与把握，在用手势辅助语言表达时，可张开双手，掌心相对，力度加大，这个动作也可以单手完成，表现恰当的自信。

4）表示强调的手势。在面试中，面试者如果想让面试官特别关注自己所表达的某一点或想要强调某一点，可用右手食指和大拇指捏在一起，抬高手臂，吸引面试官的注意力。

（2）面试中忌讳的手势

1）无处安放的手。把手插进口袋里，这种手势既不礼貌，也会让面试官觉得面试者在故作神秘或有意逃避；交叉两臂放在胸前，双臂交叉体现了保护和抗拒的姿态，反映了人的矛盾和紧张心理，这个手势可能会让面试官觉得面试者性格比较自负、自大、傲慢；手托住腮帮，会让面试官感觉不够成熟。

2）暴露自己的小动作。面试者如果在面试中打响指和折指关节，发出脆响声，既显得很不礼貌，也会表现出自己情绪不稳，处于焦虑之中；有咬手指、绕手指等小动作的面试者会让面试官觉得非常幼稚，认为这样的面试者心智不成熟且心不在焉。

3）夸张的手势。如果在与面试官交谈时，面试者拼命地挥动双手，这会让面试官觉得面试者过于情绪化或情绪不够稳定。

总之，手势在面试交谈中使用的频率很高，面试者要善于运用手势，体现修养，给面试官留下良好的印象。

6. 微表情管理

面试是面对面地进行情感交流，面部表情是情感的"晴雨表"，自然、真实、恰如其分的面部微表情具有很强的感染力，会对面试产生积极的影响。对面试者来说，平时要注意养成面部微表情表达的习惯，并在面试中恰当地发挥和运用，把握好自己的面部表情细节，同时还要善于观察面试官的面部表情，以洞察他的情绪变化。

（1）微笑。微笑是真诚友好的符号，是令人感觉愉快的面部表情，也是面试者与面试官建立联系的"润滑剂"，很容易缩短人与人之间的心理距离。

1）微笑的要领。笑由心生，面试中微笑必须真诚、自然流露，才能使面试官感到友善、亲切和融洽。根据面试场景中微笑的表达，一般把微笑分为三个维度。第一个维度是柔和的面部表情，例如在聆听面试官讲话时，脸部需要保持柔和的微笑，即嘴巴关闭，嘴角微微上扬，又称"笑不露齿"。第二个维度是灿烂的面部表情，例如进入面试场地向面试官问好时，要快速拉近与面试官的距离，消除彼此的陌生感，此时两颊笑容肌有明显舒展，嘴巴微微张开，可适当露出牙齿。第三个维度是带有歉意的微笑，通常这样的微笑可以化解面试过程中的尴尬局面，例如面试官直接指出面试者的错误或失误时，如果面试者立马"黑脸"或面露慌张会让面试官对其抗压能力产生怀疑，此时可以用语言"抱歉，确实这个问题我研究得不够深入"，报以真诚的微笑一般可以化解尴尬。

2）把握微笑的尺度。面试者的微笑应该适当，应该采取得体的笑，尽量不发出声响，避免大笑给人一种不稳重的感觉。

（2）眼神。眼睛观察的时长、睁开的程度和眼部的其他改变均能传达相应的信息。通常而言，不同眼神的意义有所不同。面试中，透过面试者的眼睛，面试官能感受到坦然、和善、热情、乐观，也能感受到冷漠、傲慢、紧张。

1）面试中的凝视。面试者凝视面试官身体的不同位置，传达的信息会有区别。如果从头到脚对打量面试官，会引来反感。面试与谈判有所差异，切忌长时间直视对方，避免给对方冒犯的感觉，应努力为双方的交流创造良好的条件。因此，在面试的过程中，面试者眼睛观察的位置应该选择在社交凝视区，以面试官双眉为底线、唇心为顶点的倒三角范围，鼻尖以下至嘴唇以上的部位较为合适。

2）眼神在面试中的运用。在面试期间，面试者应该正视面试官，当面试官说话时，面试者应该在合适的时候通过点头表示自己的理解与尊重。在面试官提问时，面试者眼光不要漂移不定，不可逃避注视。

在注视面试官期间，需要适当把握眨眼频次。如果眨眼频次过高，显得面试者对面试官的话语有所质疑；如果眨眼频次过低，则容易让面试官以为面试者厌烦自己的讲话。

在交谈过程中要学会巧妙地与面试官对视。面试者在面试中若与面试官四目对视，切忌慌乱转移视线，需要自然而然地保持适当时长的对视。如果在与面试官四目对视的时候马上躲闪，则显得面试者不自信、不成熟。

相关链接

面试官的面部表情

在面试中，面试者应善于观察，从面试官的面部表情读懂信息，并根据他的表情变化来及时调整自己的心态和陈述内容。

在谈话的过程中，面试官仔细观察面试者，通常存在询问的想法，面试者应坦然面对观察，保持良好的仪态。

面试官每间隔一段时间就看手表，可能意味着其时间比较紧张或者对面试者的表现不满意，是想要尽快终止谈话的隐晦方式。此时面试者应立即中止谈论，采用提问形式，让面试官讲解，或采取转换话题的办法。

> 面试官的眼神绽放光彩，意味着其对面试者的话语充满兴趣。
>
> 面试者在面试期间既应该巧用面部礼仪，使面试官在看到自己的表情之后产生愉悦的情感；同时应该注意观察面试官的面部表情，判断其真实想法，主动迎合面试官的情绪表现，推动面试顺利进行。

7. 行为举止禁忌

大部分面试者在面试这一过程中都会产生巨大的身心压力，尤其是在当前就业竞争如此激烈的情况下，面试者能否入职，面试中的"临门一脚"尤其关键。很多面试者由于紧张或者习惯性动作，在面试官面前往往会暴露出无意识的小动作，给面试官留下不好的印象，导致面试结果不佳。在面试过程中应避免以下行为举止。

（1）扮鬼脸。部分面试者喜欢通过脸部表情来表达自己的反应，如皱眉、歪嘴、瞪眼等。在日常交往的情况下，此类鬼脸可能有助于活跃气氛，但是在面试时却会给面试官留下十分不雅、随意的感觉。

（2）跷二郎腿。跷二郎腿属于生活中的习惯，在面试期间应避免，尽可能平放双脚，选择适宜的坐姿。

（3）肢体动作太过夸张。面试时，过于活泼、夸张的动作很容易给人不稳重、情绪化的印象。因此，面试者在面试中要尽量避免肢体动作过多、幅度过大。

（4）摆弄头发。有些面试者在面试过程中会不自觉抓挠头发，如往后捋刘海、用手指卷绕长发等，这些动作显得幼稚、不尊重他人。因此，面试者应该扎发或者选择清爽的发型，并在日常注意改掉这些习惯。

（5）摆弄衣物或配饰。一些女性面试者觉得自己的裙子过短，端坐时会时不时去拉裙子或者掖裙角，建议面试之前在家中对镜练习并观察，如果裙子长度不适宜，建议更换为长裙或裤子。一些男性面试者在面试时总会不自觉地做松领带动作，这是一种紧张的表现，会给面试官留下不自信的印象。

（6）频繁查看时间。在与他人交流期间，如果多次查看时间，则会给人一种紧迫的感觉，面试者的这种行为会导致面试官产生反感的心理。面试者的这种行为还将导致其自身因时间的考虑而心生慌乱，从而影响面试表现。

（7）咬嘴唇。有些人在思考、紧张时会不自觉咬嘴唇，这个小动作暴露了内心的紧张，缺乏信心，无益于面试结果。

（8）吐舌头。一些面试者在答题结束之后，会习惯性地进行吐舌，这种行为显得面试者十分幼稚，缺乏经验和自信。

（9）挠头。在不知道如何回答提问时，部分面试者会挠头，这种行为会显得面试者过于毛躁，不够稳重。

（10）抖腿。部分面试者刚坐下就开始抖腿，在面试答题的过程中也习惯性地抖腿，这种行为很不雅观，也会引起面试官的反感，必须避免。

（11）在鞠躬的过程中摆动双手。鞠躬的动作原本能够体现对面试官的尊重，然而部分面试者在向面试官鞠躬的过程中会习惯性地摆动双手，尽管摆动幅度较小，却会让面试官觉得面试者比较随便，做事不稳重。

 技能要求

面试流程的礼仪指导

操作步骤

步骤1　情境设置

（1）设置面试背景：面试者张婷，通过简历初步筛选，进入面试环节。面试地点在公司总部8楼会议室，采用结构化面试，公司总经理办公室助理、人力资源部总监和销售部主管将参加本次面试。

（2）设置面试流程：面试者抵达公司后，由总部8楼的工作人员引领至会议室外等待。张婷是第二位面试者，待第一位面试者面试结束时，工作人员向张婷示意进入面试室。张婷需要完成进入面试场地、面试、面试结束离开全过程。

步骤2　模拟指导

（1）入场礼仪指导

1）观察面试者抵达面试场地的礼节：向总台工作人员简单介绍自己的姓名和事由；向引导人员表示感谢；在等候地点耐心等待，做面试前准备。

2）观察面试者进入面试场地礼节：设置门开着和门虚掩两种情况，应敲门进入，如有引导人员提供帮助应主动感谢。

（2）问候礼仪指导

1）观察面试者进入面试场地后采用的致意方式。

2）面试者分别用点头致意、微笑致意、鞠躬致意、起身致意、握手致意的方式向面试官问候。

（3）站、坐、走、蹲体态指导

1）观察面试者的站姿，根据面试者自身情况对站姿提出建议。

2）观察面试者的坐姿，根据面试者自身情况结合现场环境对坐姿提出建议。

3）观察面试者的走姿，根据面试者自身情况对走姿提出建议。

4）设置面试者资料掉在地上，需要下蹲拾物的情境，观察面试者的蹲姿是否恰当并提出建议。

（4）手势指导

1）观察面试者面试中双手放置的位置并予以指导。

2）观察面试者面试中手势的运用并予以指导。

（5）表情、眼神指导

1）设置面试中的常见情境，观察面试者面部表情变化，指导其在不同情境下展示正确的表情。

2）观察面试者面试中眼神的运用，指出其问题并予以纠正。

注意事项

1. 观察面试者是否恪守时间，应予以强调。

2. 观察面试者是否有禁忌的行为举止，应重点予以提醒，督促其加以改正。

学习单元 2

面试中的交谈礼仪

知识要求

导言：面试者与面试官用语言传递和反馈信息。注重礼仪规范的交谈，可以达到沟通感情、建立联系、消除隔阂、协调关系、促进合作的目的。

一、称呼礼仪

在面试过程中，正确而得体的称呼是必不可少且重要的，它们是面试者与面试官进行沟通的第一座桥梁。

1. 面试中的通用称呼

准确性称呼是指面试者提前知晓面试官的身份、职务、职称等，可以在对方担任的职务前加上姓氏作为称呼，如"某经理、某主任"，如果是教育和医疗等领域的面试官，可以在职业前加上姓氏作为称呼，如"某老师、某医生"等。准确性称呼显得正式、尊重、礼貌。

面试时大部分面试官的信息是保密的，面试者无法获得准确信息，这时面试者可以采用泛称。常用的泛称有"面试官""老师"等，可根据面试企业的性质进行选择。例如，事业单位的面试官可以称呼老师，外企的面试官可以称呼先生或女士，等等。

企业文化也会影响称呼的变化。例如，在外企，无论是同事之间还是上下级之间，一般互称英文名，即使下级对上级也是如此；而在文化气息较浓的单位（如报社、出版社、电视台），同事之间可能会以"老师"互称；在等级观念较重的韩资、日资企业中，一般以行政职务相称。

为了更准确地表达尊重，在面试者并不知晓面试官信息时，也可以在面试开始前直接礼貌地问面试官："您好，请问该怎么称呼您？"这样不仅避免错误出现，还会给面试官留下较好的印象。

2. 面试中的禁忌称呼

（1）直接性称呼。直接性称呼是指直呼其名，一般适用于相熟的人之间，不适合在面试场合使用，会令面试官觉得面试者较为粗放，不拘小节，不适合行政类的岗位。

（2）错误性称呼。误读面试官的基本信息，导致称呼出错。

（3）不通行称呼。有些称呼具有一定的地域性，跨地域后南辕北辙，容易引起误会。

（4）替代性称呼。在面试中以面试官的某个特征或数字来称呼对方，是极其不礼貌的。例如"刚才戴眼镜的那位面试官说得对……"，"戴眼镜"是一种替代性称呼，会让人觉得不被尊重。

二、自我介绍礼仪

自我介绍通常被放在面试的首要环节，是面试者自我表达的好时机，面试者要注意以下礼仪，争取给面试官留下良好的印象。

1. 自我介绍内容的组织要领

（1）先问好再自我介绍。在自我介绍之前，面试者千万不要一开口就直接说"我叫某某"，可以先礼貌地做一个极简短的开场白，向所有的面试官打招呼、问好，这样可以使面试官"聚焦"到你，同时能够表现出良好的个人修养。

（2）清楚地说出并强调自己的名字。在面试时，面试者不仅要把自己的名字告诉面试官，而且应设法让面试官记住，因此面试者需要注意把握以下两点。

1）清楚响亮地说出自己的名字，切忌喃喃自语、吐字不清。

2）面试者在告别时巧妙地向面试官再次强调自己的名字，不仅能够加深面试官的印象，也会让面试官被面试者的积极态度打动。

（3）介绍内容。自我介绍的内容是关键，很多面试者经常会着重突出姓名、工作经历等根本信息,但这些信息简历上已经有了足够多的介绍,应该把重点放在简历没有展示的内容上,如对应聘岗位的认识、自己的优势、打算如何做好这份工作等,内容必须实事求是,忌吹嘘过头。

(4)把握时间。自我介绍的时候,面试者一定要掌控好时间,根据面试官的要求进行。一般提前准备两份自我介绍——1分钟和3分钟版本,有备无患。

(5)结束语。自我介绍后向面试官致以谢意,既可以表达尊重,同时也是向面试官传递介绍完毕的信息。

2. 自我介绍的技巧

(1)适时对所应聘的企业进行赞美。面试者在向面试官问好、致谢后,可以适当地赞美该企业,让面试在融洽的气氛中展开,但要注意以下两点。

1)赞美应真诚、恰到好处,不要阿谀奉承、讲道听途说的企业业绩。

2)赞美应具体,如赞美企业在管理、服务方面有哪些地方非常规范,工作人员的言谈举止表现得非常敬业等。只有真诚而具体的赞美,不只是说虚伪的客套话,才会脱离"拍马屁"的嫌疑,让人感受到真诚。

(2)自我介绍要生动

1)面试者可用个性、趣味十足的语言来介绍自己的姓名。例如,一位名叫钱勇的面试者在自我介绍时说道:"我叫钱勇,金钱的钱,勇气的勇。我希望我加入贵公司之后,能让公司金'钱'滚滚,财势'勇'猛。"这样的自我介绍将给面试官留下很深的印象,也会让面试官在情感的天平上为面试者加上一个砝码。

2)面试者可用讲故事的方法介绍自己,而这类故事通常是面试者过去的亲身经历,如业绩故事、管理故事、品德故事等,这些故事不但能够引起面试官的兴趣,调节面试的气氛,也可以让面试官从中窥见面试者身上的优良品质,有助于面试成功。需要注意的是,面试者所讲的故事一定要与自己准备应聘的岗位有所联系,绝不能天马行空,更不能编造故事,以免适得其反。

(3)语言要有说服力。面试者在自我介绍时,要注意介绍的语言要有说服力,不要说一些空话、大话,如"我的身体健康""我擅长设计"等,这些说法都是空洞而缺乏说服力的,无法打动面试官。面试者不妨换种表述方式,如"我每天坚持晨跑5 000米,身体素质很好""我擅长设计,曾做室内装修设计,获得过××设计大奖,也曾经通过××技巧为某公司节约了近80万元的材料费用"等。这些有说服力的数字与证据会加深面试官的记忆。

(4)要投其所好。自我介绍的目的是得到认可,因此一定要根据应聘岗位的需求,投其所好地介绍自己的情况。面试者应该在面试之前做好调研工作,明确用人单位的实际需求,得出用人单位的人才需求类型和招聘这些人才所看中的能力。例如,一家公司需要招用行政人员,则大概率希望该人员能统筹全局、优化会议管理的效能、缩减成本开支,了解了这些信息后,面试者可以讲述自己承办大型会议或组织大型户外活动的经验。

(5)体现亲切感。面试者初次与面试官见面,为了得到他们的认同,一定要让自我介绍充满亲切感,从而拉近与面试官的距离。为此,面试者的自我陈述中要多用"我们""我们企业"和"我们产品"等亲近的话语和词汇,避免出现"你们"和"你们企业"等疏远的话语和词汇。

(6)体现自信与专业。面试者的自我介绍也是一个自我推销的过程,因此在介绍时要表现出足够的自信,一般应注意以下两点。

1)自我介绍应实事求是,但也不要妄自菲薄,以至于自我介绍毫无亮点或显得自己资质平平。

2)不要夸夸其谈、自我吹捧,也不要编造工作业绩。面试官"阅人无数",通常对一些话术了然于心,也会对某些突出业绩进行核实,面试者不要心存侥幸夸大自己的优势或业绩。

总之,面试者要围绕自己的素质、能力、品德等巧妙展开自我介绍,同时要表现得具有个性,突出生动性,反映真实度,为面试活动创造轻松、和谐的氛围。

三、交谈措辞礼仪

在面试的过程中,措辞的恰当运用非常重要。

1. 措辞要领

(1)善于运用传达亲切的措辞。面试者为了拉近与面试官的距离,可以用一些亲切的措辞给面试官留下较好的印象。例如,在面试开始不久后,面试者对面试官可以说一句:"也许您会发现,我这个人很随和。"这是给面试官透露信息——面试者是一个较为开朗、容易接触的人。面试官对于面试者的陌生感无形中就会减轻一些。

(2)多用表示理解的措辞。面试者要进行换位思考,多用一些表示理解的措辞回答面试官提出的问题。例如,面试官表示企业目前处于上升期,工作强度较大时,面试者如果仍然想得到这个岗位,可以说:"我认为付出与收获是成正比的,我很乐意付出努力,希望我有这个机会与公司共同成长。"面试官感觉面试者能够设身处地地为公司着想,愿意促进公司的发展,从而易于接受与认可面试者。

(3)善用表达尊敬的措辞。对面试官的尊敬,本身也是一种礼貌和风度的表现,而这种尊敬是可以从措辞中传达出来的,多用"您""请""谢谢"等,显示出面试者对面试官的尊重,易于拉近两者的距离。

（4）善用条理性的措辞。在陈述时,建议多采用条理性措辞,例如,有条理地按照"第一,第二,第三"的方式表达自己的观点,给面试官留下思路清晰、逻辑性强的印象。

（5）善于运用消除紧张的措辞。当面试者感到非常紧张且短时间内无法调整好时,不妨坦诚相告:"坦率地说,这是我跨出校园后的第一次面试,有些紧张,请见谅。"面试官可能会用拉家常等办法来消除面试者的紧张感,有助于面试的顺利进行。

（6）掌握挽回局面的措辞。当面试者看出面试官存在疑虑时,面试者可以说:"我们可能站在不同的角度思考了这个问题,我认为这个问题很有启发性,很想听听您的建议,我们可以交流一下吗?"一般来说,面试官不会断然拒绝,可能会在相对轻松的氛围下与面试者展开讨论,从而扭转不利局面,取得意想不到的结局。

（7）善用准确性的措辞

1）合理选用不同句式。面试应答可以根据内容选用不同的句式,如将言简意赅、富有力量的短句适当地与长句相结合,来回答一些复杂的问题,可以收到很好的效果。

2）恰当地运用修辞手法。面试者可以适当使用一些修辞手法,如排比、拟人、比喻等修辞手法,能够增强表达效果,加强语言的美感,很容易引起面试官的注意,加深印象。

3）避免语义含糊不明。在面试中,尽量避免使用一些表意不清或容易引起歧义的词语和句式,例如,人称代词"他""她""它"在口语中是分不清的,面试者为了避免指代不清给面试官造成误解,就应当尽量采用语义明确的措辞;此外,一些含混不清的句式如"可能""也许""听说"等也尽量少用。

4）学会用数字来做说明。面试者在面试时,可以适当用一些数字进行介绍,提高语言表达的生动性,使描述内容更加具体,更加具有说服力。

2. 礼貌用语

（1）见面问好,离去道别。求职面试时,一个必不可少的环节就是初次见面面试者要先主动与面试官打招呼,说声"先生/女士,您好",并可以用握手、点头、微笑等方式来表达尊重。面试结束,也要向面试官礼貌道别,有始有终,不卑不亢。

（2）始终保持谦虚的态度。初次见面态度要谦虚,尽量多使用包括"您""请"等敬辞,可以说"今天跟您沟通得很愉快,期待收到您的面试意见""此次与您的沟通让我获益匪浅,我非常期待能够加入这个大家庭"。

3. 语言习惯要领

（1）发音。大部分面试者都能够做到清楚发音，然而部分面试者因为发音器官受损或发育不完全而无法准确发出某个或某些音，造成表达不够清晰。对于这种情况，面试者需要注重平时的矫正练习，倘若确有困难，则应该尽可能避免使用发音不准的词汇，以免引起误解。

（2）语调。不同的句式适宜的语调不同。部分相同的语句如果采取不同的语调进行表达，则能够显示出不同的情绪，从而引起差异化的结果。例如，在回答能否顺利完成具有挑战性工作的过程中，面试者采取响亮有力或者低沉无力的语调能够让面试官产生不同的感觉，响亮有力的语调表达能够让人感受到面试者的自信，而低沉无力的语调则可能导致面试官以为面试者信心不足。因此，面试者应该适当运用语调，体现出语言表达的起伏性和自然性，并通过积极正面的语调让面试官感受到积极向上、乐观自信。

（3）语速。面试者应该基于面试情况适当地改变语速，避免语速急切，让人听不清楚或给人紧张的感觉，也要避免语速过慢，给人造成拖沓的印象。

（4）音量。面试者的音量应该要确保面试官能够听清。合理降低音量能够显示出礼仪和风度，但声音过低接近喃喃低语，是缺乏信心的表现；但是也不应声嘶力竭，不要给面试官咄咄逼人的印象。

（5）音色。面试者应该采取自己实际的嗓音进行面试答问，一方面能够显得自然亲切，另一方面能够在一定程度上消除不良情绪。

4. 倾听要领

在面试过程中，面试者不仅应该重视自我推销，还应该认真聆听，成为一个能够积极予以回应且充满热情的倾听者。如果面试官多说话，说明他对你感兴趣，愿意向你介绍情况、多做交流。但许多面试者误认为只有自己多说才能取得面试官的好感，往往会抢着说话或打断对方的讲话，其实这些表现是很没有礼貌的，忽视面试官的存在会使自己陷于被动，言多必失。

聆听绝不是消极被动地接受，相反，它是积极主动思考的过程。认真聆听、积极思考才能及时、合理地组织好语言，做出令面试官满意的答复。聆听时，一般面带微笑，眼神注视着面试官，双手叠放在腹前，如图2-10所示。

（1）要耐心。面试的目的是让面试官了解你、认识你、信任你、接受你，而不是与面试官较量高下，面试者要耐心倾听，一般应做到以下几点。

1）面试者需要认真倾听面试官谈论的所有话题，切忌显露出缺乏耐心或者心不在焉的状态。

面试礼仪指导

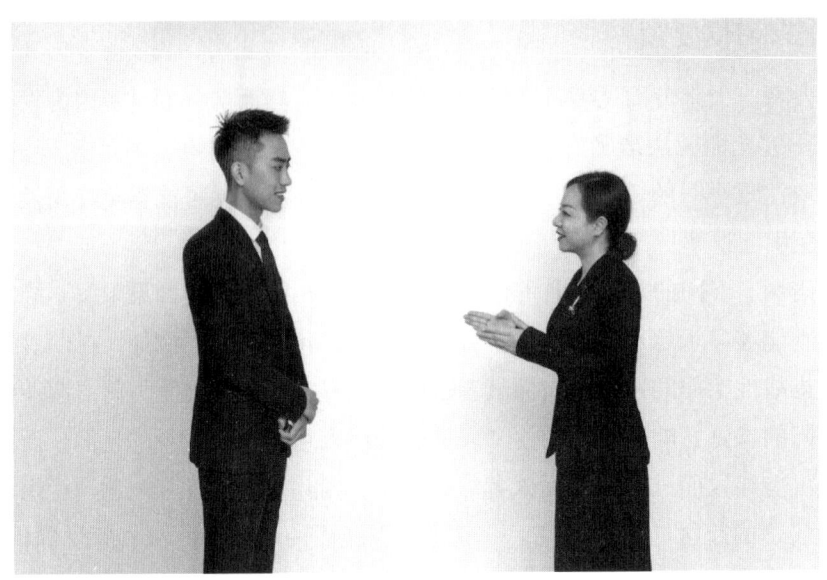

图 2-10　聆听

2）切忌由于面试官谈话平平无奇而散漫对待，同时切忌对面试官不够清晰的描述表现得不耐烦、轻蔑。

3）切忌在面试官提出反对意见时进行激烈争论，流露出怒色。

4）要尽量让对方把话讲完，不要不顾对方的想法而发挥一通，不要轻易打断对方的讲话。即便没听懂或听漏了一两句，也不能在对方说话时突然提出问题，必须等到对方把话说完，这是基本的尊重。

5）如果确实需要插话，应先征得对方同意，用商量的语气问一下："请等一下，我可以发表一下我的看法吗"或"请允许我提个问题好吗"，尽量避免给人留下强势、不好相处的印象。

（2）要专心。集中身心掌握面试官谈论的核心点与本质内容，专心投入面试，不要胡思乱想，应将注意力集中在对方说话的内容上。

1）在面试官讲话的过程中，面试者应该在适当的时候以点头、微笑等表示理解与认可，让对方看到面试者的专心。

2）如果面试者未完全理解面试官的讲话，可以采取委婉的语言表示自己的疑惑，一方面面试者能够明确问题本质，另一方面能够使面试官看出面试者的专心与虚心。

3）要认真思考面试官的谈话，在必要时可以采取复述的方式。例如，可以表示自己认同对方的观点并进行复述，往往会给面试官留下好印象，既表明面试者认真听取了面试官的讲话，也表明面试者善于总结、思路清晰、表达能力强。

4）要确认提问内容，切忌答非所问。

（3）要细心。听人谈话要有较高的敏感性，学会捕捉对方的"话外音"，也就是说理解谈话的内涵。此外，关注对方谈话过程中的神情也很重要。在面试官的话语里，总是存在着可供面试者利用的有价值的信息，而面试者在聆听中收集到这些信息，就可以在此基础上考虑应该如何回应，如恰当地提出问题，这样才能做到有的放矢，句句"击中"。

总的来说，一个善于聆听的面试者应做到以下几点：记住面试官的名字或职务，以示尊重；在面试官说话时，适时注视面试官，并保持微笑，必要时以点头来回应；了解面试官谈话的主要内容，巧妙地通过应答，把面试官讲话的内容引向准确的方向和层次。

5. 交谈措辞禁忌

（1）措辞应简明扼要、一针见血，切忌滔滔不绝、没有主旨、表述不清。
（2）尽量避免过多地使用叠词、叠句或重复使用某个语句。
（3）尽可能表达多样化、新颖化，保持新鲜感。

四、通信礼仪

通信是现代社会常见的交际方式，可运用电话、短信、电子邮件等社交平台开展交流，具有快捷、方便的特点，尽管不是面对面交流，却能使双方迅速获得信息，及时进行沟通。面试者需要遵守一定的通信礼仪。

1. 拨打电话礼仪

（1）拨打电话前的礼仪准备。打电话之前首先做好思想准备，保持心态平和，做好通话过程可能出现的问题的应对方案。其次做好姿势准备，找一个合适舒服的姿势，同时要保持心情愉悦、面带微笑，如图2-11所示。最后，准备好自己的问题，同时准备好笔和纸，以随时记录有效信息。

（2）找准合适的拨打时间。当需要给招聘单位或某个面试官打电话时，应避开对方的休息时间。一般在对方工作时间内拨打电话，除非情况特殊，否则应尽量避免在早上7点前、晚上9点后或用餐时间、节假日等私人时间给对方打电话。

（3）提前准备。准备好相关资料，可在纸上列出相关的时间、数量、价格等信息，尽量避免因遗漏重要信息而在挂机后再次打电话给对方，打断对方工作。

（4）礼貌的第一声。以清晰、明快的声音向对方问好，讲话过程中声音应富有感情，声调平和，语言流利，吐字清晰。

图 2-11 通话礼仪

（5）及时表明身份。问好后，向对方道出自己的身份，并询问对方的姓名和职务，知晓对方名字或职务后，要合理称呼对方。

（6）控制通话时长。除了需要反复解释和强调重要问题外，通常需要言简意赅，以确保通话的准确性和高效性，尽可能贯彻"3分钟通话原则"。

（7）给对方思考的时间。打电话时不要自说自话，要给对方考虑、反应的时间。

（8）礼貌地结束通话。电话结束时，应适当寒暄几句，如"谢谢""再见"等，同时也要注意挂电话的顺序。例如，面试者等待对方先挂电话，加深对方对你的良好印象。可以在电话周围设置提示标语，提醒自己轻放话筒，养成轻放话筒并让对方先挂的良好习惯。

2. 接听电话礼仪

（1）及时、礼貌地接听。一般情况下，铃响三声前需接起电话。如果确实很忙，可表示歉意："实在对不起，我这里有一些突发情况，请过10分钟再打过来/10分钟后回拨给你，好吗？"

（2）左边和右边的手分别拿听筒和笔。大部分人会不自觉地通过右手持电话，然而在电话面试期间，通常需要记录对方提供的重要信息内容。在记录时往往会通过肩部夹住话筒，易导致电话掉落而造成对方听到刺耳的声响，影响通话质量和效果。为轻松自如地达到与面试官沟通的目的，提倡用左手拿听筒，右手写字。

（3）主动问好。在电话接通之后，接电话者应向对方主动问好，养成主动问好的好习惯。

(4)明确对方的身份与姓名。在明确来电人员的身份信息时,应该有礼有节,做好记录,以便之后联系。

(5)明确来电用意。面试者应问清楚这是一般性的电话通知还是电话面试,针对性地进行回答。

(6)采取科学的姿势。

(7)注意声音和表情。电话交流时,双方都看不到对方的表情,唯一交流的途径是听觉,因此要语气得当、声调适度、咬字清晰,不要说方言。一般采用端坐或站立的姿态,自然发出声音,提高声音的流畅度与生动性。同时,维持微笑可以让对方感知到积极的情绪。动听亲切的声音能够引起面试官的兴趣,切忌在接听电话时传达不良情绪,过快、过慢、过于大声或者有气无力的声音会让对方产生不良的感觉,从而影响交流的效果。

(8)复述来电要点。如果面试者接到的电话为面试通知,则应该在结束通话前,重述来电内容,避免因为记录出错而产生误会。例如,复述面试地点、时间、联系方式等内容,防止出错,也可以给对方留下做事认真、踏实可靠的印象。

(9)表达谢意并挂断电话。在通话的结尾表达谢意,以示礼貌,确认对方已经挂断电话后再挂电话。倘若面试者需要先行结束通话,应坦诚地说明原因并轻放话筒,避免话筒产生过大的声响,同时避免用手掌直接拍击挂断电话。

3. 其他通信礼仪

(1)短信礼仪

1)发送时间。一般在对方工作时间内发送短信,除非情况特殊,否则应尽量避免在早上7点前、晚上9点后或用餐时间、节假日等私人时间给对方发信息。

2)短信内容。内容言简意赅,不要咨询对方不便回答的问题,也不要发送与求职无关的信息;短信最后要简短感谢对方,不要啰唆,避免引起对方反感。

3)署名。面试者给面试相关人员发送短信时,一定记得署名,不然往往对方不知道发送者是谁,短信发送无效。

4)回复及时。如果面试相关人员发来短信,面试者一定要及时回复,若因为特殊情况未及时回复,应在回复时简要说明。

(2)邮件礼仪

1)邮件主题。一个简要的主题能够体现邮件的核心,方便收件者对邮件进行判断和处理。一是采用契合纲领的标题,避免采取模糊不清的标题;二是采用简洁的主题,主题要能够概述邮件内容,避免烦琐;三是邮件应该紧紧围绕某个主题进行阐述;四是避免主题中存在错别字或者语序不当的问题。

2)称呼与问候。邮件的开头要称呼收件人,可以加上对方的职务,就高不就低,前面加敬语,如尊敬的王经理、尊敬的张总监等;切忌出现王哥、张姐、帅哥、美女这样生活化的称呼。称呼置于首行,按照顶格格式书写;头尾部分设置问候语。

3)正文。正文简明扼要,行文通顺,不出现与应聘无关的话语;注意邮件语气,多用尊敬的口吻;合理提示对方查收附件;不用表情符号,不用彩色信纸;注意字体、字号及颜色,最好用宋体、黑色、小四号,避免出现错别字。

4)附件。附件要有对内容进行概括的文件名;在正文里面简单介绍附件,尤其是对于多个附件的情况,宜将其放入一个文件夹进行压缩;倘若附件内容过多,附件大小不符合要求,建议分割成多个小文件发送。

5)结尾署名。所有邮件均需要在末尾部分设置签名与日期等,签名信息涵盖姓名、联系方式等。

(3)即时通信礼仪

1)文明用语。文明用语是即时通信的基本礼仪。

2)慎用表情、图片等。恰到好处地使用表情、图片等可以增加聊天的趣味性,但是在面试沟通阶段,应保持必要的严谨性。

3)注意聊天内容。聊天内容一定要与工作或应聘相关,不聊家常,不聊与工作无关的事情,尤其是不打探对方个人信息,切忌问及有关隐私的内容,包括其家庭地址、经济收入等信息,特别注意不要询问女士的身高、体重、年龄等信息。

 技能要求

语言表达技巧指导

操作步骤

步骤1 指导前情境设置

(1)设置面试背景:面试者王菲,将参加一对一面试;面试官为企业人力资源部经理。

(2)设置交谈内容:人力资源部张经理向王菲问好,请王菲进行自我介绍,并针对性提出两个问题。在完成面试的过程中,面试礼仪指导人员记录王菲面试过程中的语言表达情况。

步骤2 模拟面试

(1)面试官导入语:"你好,我是人力资源部经理张鑫。欢迎你参加本次面试,请简单做个自我介绍。"

（2）面试者进行自我介绍。

（3）面试官提问。

（4）面试者进行回应。

（5）面试礼仪指导人员进行记录。

步骤3　观看面试过程视频，面试礼仪指导人员对面试者面试过程中的语言表达进行点评。

步骤4　指导采用合适的称呼语。

步骤5　指导完整流畅的自我介绍

（1）自我介绍前是否有问好。

（2）自我介绍姓名时是否有所强调，让面试官记住自己的名字。

（3）自我介绍的内容是否详略得当、重点突出并具有特色。

（4）自我介绍的结束语是否合适、具有新意。

（5）自我介绍的时间把控是否合理。

步骤6　指导有礼有节的交谈

（1）回应问题措辞得当。

（2）交流中使用礼貌用语。

（3）有效倾听。

注意事项

1. 强调声音的抑扬顿挫，掌握语音、语调、语速。

2. 有声语言的表达要结合适当的肢体语言。

电话面试指导

操作步骤

步骤1　指导前情境设置

（1）设置电话面试背景：面试者王勇正在菜市场，接到某企业电话，告知其将通过电话进行面试。

（2）设置交谈内容：企业招聘经理针对王勇的简历提出一个问题："你曾经有3年的销售经历，请你对这三年做个小结"；招聘经理还向王勇介绍公司的某项业务，请王勇提出项目推进建议。

步骤2　模拟电话面试

（1）面试官导入语："你好，王先生，我是启华科技公司的招聘经理，你的简历我们已经收阅,现在需要和你进行电话沟通,时间大约10分钟,请问你方便吗?"

(2)面试者进行角色代入,完成电话面试。

(3)面试礼仪指导人员进行记录。

步骤3 观看面试过程视频,面试礼仪指导人员协助面试者进行面试复盘。

步骤4 面试礼仪指导人员对面试者电话面试过程中的礼节及语言表达进行点评。

步骤5 指导接听电话

(1)问好。

(2)致歉,说明原因,因环境吵闹,提出需要10分钟寻找适合电话面试的安静环境。

(3)做好接听电话准备。

步骤6 指导拨打电话

先问好,礼貌进入交谈环节。

步骤7 指导电话交谈

(1)仔细聆听问题。

(2)对问题进行回应。

步骤8 指导倾听

(1)做好记录。

(2)在交流中用语气词予以回应。

步骤9 指导挂断电话

(1)礼貌道别。

(2)表示感谢。

(3)等待对方先挂电话。

注意事项

1. 情境模拟时,通话双方背向而站。
2. 电话交流时,要注意声音和表情。

学习单元 3

面试应答与提问技巧

知识要求

一、面试应答技巧

1. 自我介绍的应答

（1）应答技巧。自我介绍时，面试者一定要把握一条原则——在短时间内展示自己的优势、过硬的技能、渊博的知识等。

（2）模拟应答

1）"你觉得自己是一个什么样的人？"

面试者在介绍时应该结合自己的简历，针对关键点进行介绍。同时，应该明确条理和层次，使用尽可能简洁的语言，便于面试官理解。为了达到更好的效果，面试者事先最好以文字的形式写好并背熟，这样在现场就可以从容应对。

2）"你的家庭状况是怎样的？"

这个问题常被面试官用来了解面试者的性格、观念、心态等，对于这个问题，面试者不需要对家庭成员进行详细介绍，可通过细节来告诉面试官家庭关系很和谐，从侧面烘托家庭成员对自己工作的支持和自己对家庭的责任感。

3）"你有哪些业余爱好？"

这个问题能在一定程度上反映面试者的性格、观念、心态，因此面试者在回答时不要强调自己爱好很少，也不能说一些较为庸俗和无用的兴趣爱好。同时，在描述业余爱好时不要只关注于旅行、画画、音乐等较为个体化的活动，这会给面试官留下内向、不爱沟通、不喜欢与人打交道的印象。面试者最好结合应聘岗位，适当美化自己的爱好。

2. 职业生涯规划的应答

（1）应答技巧。个人职业生涯规划的问题重点考查面试者的目标定位、职业追求以及对未来职业发展的规划能力。通过了解面试者的职业规划，能够判断其是否具有长远眼光、自我驱动力和学习能力，以及是否与企业文化和未来发展方向吻合。同时，面试官也会通过此类问题评估面试者对该职业领域了解的广度与深度。

面试应答时需要思路清晰、语言表达清楚、积极自信，同时还要展现出对职业生涯规划和掌控的能力，凸显自己动力强、眼光长远、学习能力强等，一般应注意以下几点。

1）先考虑清楚职业目标和发展方向，可以提前做好相关准备，了解面试官和行业信息等。把自身的职业规划和用人单位的需求相结合，这种关联性不仅可以展现出面试者能够准确把握自己的发展方向，同时自己的规划和发展与应聘方的发展是融为一体的，这样会让面试官感受到面试者打算长期从事这个行业，具有稳定性。

2）遵循职业生涯大方向和实际情况两者的平衡点。例如，可以表明自己的职业目标，但也要说明自己的规划是基于现实情况制定的。切忌高谈阔论地谈论自己的宏伟规划，这样会给面试官留下"满嘴跑火车"、不靠谱的印象。

3）表达清晰、重点突出。可以先简单介绍自己的目标和计划，然后提出具体实施的路径和方法，这有利于让面试官更好地理解面试者的思路和规划，感受面试者的深度思考。

4）强调自身优势和发展动力。可以结合自己的经验、专业能力等进行陈述，说明自己为实现目标付出的努力。

5）态度要积极自信，表现出自己对未来发展的追求与信心，但也要注意谦虚，表达希望在岗位中持续学习、改进和提升自己。

（2）模拟应答

1）"你未来五年的目标是什么？如何规划？"

有经验的面试者常常会把自己的职业规划分为未来 5 年内的 3 个阶段。其中进入公司的第一年是第一个阶段，在这个阶段面试者以融入公司的工作氛围，适应工作要求为目标，逐渐熟悉所处行业，加深了对行业的理解和认识，逐渐察觉到自身存在的不足，不断提升专业能力，保持良好的人际交往。入职之后的第二、第三年为第二个阶段，这个阶段面试者以提升自身的专业技能为具体目标，按照日常的工作内容和要求来不断调整职业规划，提高在行业内的价值，并注重在工作中积累人脉并逐渐扩大圈子，形成一定的人脉关系网，有助于工作的进一步开展。第四、第五年为第三个阶段，这时面试者会调整自己的规划，迈上一个新的台阶，向更高点看齐。

2）"如果能顺利入职，你打算怎么做？"

回答这个问题要充分利用好面试前收集的信息，回答时将个人的计划融入岗位的要求和定位中。例如，"近期，我主要是对岗位职责、要求进行熟悉，尽快胜任。我也看到企业接下来会有市场拓展的计划，这方面我也会特别关注，虽然主要是市场拓展的辅助岗位，但我可以在前期市场调研、数据分析中发挥优势，参与市场拓展的准备工作。"

3. 工作经历的应答

了解面试者以往的求职经历，可以评估面试者的性格特征、专业水平、与应聘岗位的匹配度。

（1）应答技巧

1）应届毕业生应答技巧。对于很多应届毕业生来说，在面试中听到"你有相关工作经验吗"这个问题时，常常只会如实回答"没有"。事实上，应届毕业生完全可以从自己在校内的经历中找到让面试官满意的亮点，如担任学生干部、寒暑假打工实践、实习等经历。

2）具有一定工作经验的面试者应答技巧。若面试者已经具有本行业的工作经验，应答时力求有所总结，有自己独到的见解，一般无须谈论具体工作实施过程。面试者可以罗列自己的工作事项或具体项目，重点是谈自己的工作心得和体会，这会让面试官看到面试者是在不断成长、不断进步的。

3）职业空档期的面试者应答技巧。职业空档期过长容易给面试官留下不务正业、思想松懈的印象，不利于提升自身的面试印象。面试者应充分思考后表现出诚恳的态度，不能说谎；同时应注意强调自己在职业空档期内所做的有意义的事，如提升自身的理论知识积累、慎重规划未来职业发展道路等，让面试官感觉到你没有虚度这段时间，相反是在积蓄力量，厚积薄发。面试时要学会组织自己的语言，变不利条件为有利条件。

（2）模拟应答

1）"你刚刚毕业，没有工作经验，如何胜任工作任务？"

这个问题带着质疑，很多面试者听到面试官的否定就会慌了神，不知道如何回答。事实上，应届毕业生缺乏工作经历是必定存在的现象，面试官提出这样的问题，重点并非否定，而是在最后"如何胜任"这个点上。这时，面试者应该结合自己过往的其他经历中总结出能够迁移到岗位的能力。面试者可以回答："作为刚刚走出校门的毕业生，确实在实践经验方面不够丰富，所以在学校期间我尝试过多份兼职工作，积累了一定的实践经验。通过兼职我了解到，社会是一所更大的学校，能够教会人们更多书本上没有的知识，想要在社会立足，需要具备更强的思考能力、责任感，以及承受压力和解决问题的能力，我喜欢和他人沟通，虚心向他人学习，因此我在兼职的过程中也经受了实践的考验。请公司放心，我可以胜任这一岗位，满足公司的要求，我会在较短的时间里熟悉公司业务，融入工作环境，尽心尽力完成本职工作。"

2）"行业现在发展很快，你做了全职妈妈三年，如何胜任这份工作呢？"

回答要着力于虽然简历中有三年空档期，但个人的努力和积累并没有停滞。例如，"我很珍惜这三年时间，它让我有机会在另一个重要的角色中有新的体验和收获，同时也给了我职业生涯一段很好的反思总结时间。这三年我反而有更多的时间去弥补之前在工作中缺乏的专业知识，参与一些行业论坛和培训，我其实从来没有离开行业。相信这三年的沉淀会让我在将来的工作中思路更清晰，目标更明确。"

4. 求职动机的应答

当个体的求职动机与所应聘岗位提供的条件达成一致，面试者可以在这一岗位上稳定工作的概率越高。

（1）应答技巧。面试者应给出客观、具体的答案，既要表明自身对应聘岗位的认可、需求，又不能过于吹捧和奉承；既要说出公司所吸引人的地方，又要说明自身的专业、能力和经验可以胜任这一工作，还要说明自身的理想与用人单位的目标一致。总之，可以对求职岗位的具体工作内容、职责和工作计划进行简单陈述和说明，同时表现出自己对于这一岗位的渴望和需求，谈谈自己在该岗位的未来发展规划，从而给面试官留下深刻印象。

在回复此类提问时，面试者应尽量说得具体、详细。例如，怎样在这一岗位上发挥优势、凸显特长等，同时还应说明发挥自己的哪些特长来适应岗位的工作需求，制定怎样的职业规划并如何实施。当然这需要面试者在面试前做大量的准备工作，在回答问题时避免出现空谈、答非所问的情况。

（2）模拟应答

1）"你为什么选择从事与实习经验不相关的岗位？"

有些面试者在毕业后，到某些热门行业从事了一段时间的实习，却因为发展不理想转而吃"回头草",结果在面试中难免会遇到这样的问题。在面试官提出这个问题时,通常意味着面试官对面试者并不看好,认为面试者的专业知识已经荒废得差不多了。对此,面试者应该正视现实,并树立自信心,相信自己的能力,同时努力找到实习经验与当前岗位的相关性,不卑不亢、有理有据地回答问题。当然,为了提高面试成功率,面试者对所学专业"温故而知新"也是必不可少的。

2)"你上一份工作离职的原因是什么?"

陈述自己的离职原因时不要过于具体,如"公司的地址较远,上下班不方便""公司管理制度不完善""公司的职业发展空间较小"等,避免将自身的消极情绪传递给面试官,将自身不积极、不勤奋、责任心不强等缺点透露给面试官。因为若这些问题在上一家单位没有处理好,那么在下一家单位仍会存在问题。不要给面试官留下担心和怀疑,才会更容易获取成功。

5. 个人评价的应答

(1) 应答技巧

1) 突出自己的优点。面试者要发现自己身上的闪光点,并且一定要有足够的信心和勇气表达出来。在面试官问到优点时,不要有沉默、畏缩、窘促等不自信的心理状态和外在表现,这些都可能使面试者失去机会。同时面试者还要注意不要低估自己,应基于自身的客观情况积极、理性地表露自己。不过面试者应当注意自身的优点是多种多样的,而在向面试官描述自己的优点时一定要突出重点,强调与企业和岗位相关的优点。

2) 谈优点时表现要自然、真诚。面试者在谈论自己的优点时切忌趾高气扬、扬扬自得,应注意表情、神态、语调等的自然与真诚,表明自己并没有以这些优点为傲,而是希望继续进步、继续提高。一般来讲,最适合在面试中谈到的优点有注重学习、办事认真、容易相处、敢拼敢闯、不轻易认输等,面试者在这些方面适当发挥即可。

3) 巧妙地显示自己的潜能。在有限的面试时间内,面试者无法充分展示自身的全部优势,所以应抓住一切可以展现自己优点的机会。例如,面试者可以在面试中将自己所参加的技能培训班、取得的证书等"随意"说出来,加深面试官对面试者的印象,也加强面试官对面试者可以胜任这份工作的信心。当然,显示潜能要实事求是,简短、自然、巧妙,否则也会弄巧成拙,有卖弄之嫌,引起面试官的反感。

4) 学会扬长避短。人都有特长和优势,同样也有缺点和不足,专业方面也如此。在面试中,往往一些面试者在说明自身的缺点时,直接这样讲"我的不足在于思想较为保守,不喜欢创新,不善于思考",直接点出了与应聘岗位不相适应的关键点,结果

惨被淘汰。实际上在回答这类问题时,面试者应该学会扬长避短,可说明无关痛痒的"通病",如应届生缺少社会经验等,要避免给面试官留下太多的负面印象。

5)坦然承认缺点,博得面试官认同。对于一些无法回避的缺点,面试者最好坦然地承认它,这样做的好处是能获得面试官的感情认同。例如,面试官拿着面试者在校成绩单这样问:"你的成绩并不好,能解释一下吗?"这时,面试者已经无法回避,不妨真诚地说明自身存在的缺点和不足。例如,"我在担任社团团长期间,将较大的精力投入社团活动组织和社团发展上,而对于学生的身份和义务有些忽略,导致一些科目的成绩很不理想。虽然我花在社团上很多心血,社团也带给我不少的收获,可是我还是觉得很惭愧。"听到这样的回答,面试官会认同面试者的处境,继而心存好感地继续听面试者说下去。

6)明谈缺点,实论优点。对于很多经验丰富的面试者来说,在谈论自己缺点时会采取一个巧妙的办法,即谈一些实际上可以算是优点的"缺点"。例如,某位面试者在面试中这样描述自己的缺点:"我有时候比较轴,碰到技术问题会追根刨底,去请教老师傅或者去图书馆翻阅资料,花费很多时间去找到我想要的答案,哪怕这个答案对提升工作能力没有太大的帮助。""轴"这个缺点在面试官看来,和"热爱学习、做事不功利"画上了等号,而且这个"缺点"还可以显示出面试者严谨、爱钻研等良好品质,容易受到面试官的青睐。当然,这种明谈缺点、实论优点的办法也不可滥用,否则老练的面试官会觉得面试者"油腔滑调"。优缺点的谈论应具体问题具体分析,不要机械地犯教条主义错误,灵活多变地掌握答题思路与技巧,灵活变通很重要。

(2)模拟问题

1)"您认为自己在这个岗位上的竞争优势是什么?"

首先要强调自己的专业优势能力,其次如果涉及团队和项目,还要强调自己的合作能力和团队精神。人无完人,一个人总有缺点,但要强调自己的学习能力和适应能力。例如,"虽然我没有相关工作经验,但是我的适应力很强,我能很快融入团队中,通过学习快速赶上大家的节奏。并且我之前在人社部门有半年的实习期,所以对相关补贴政策比较熟悉,可以顺利完成此项任务。"

2)"你的优点和缺点是什么?"

回答这个问题时,面试者不能一一全部列举,要结合岗位要求重点列举与其相匹配的优点,或者能够展现个人优秀品质的优点。而对于缺点,不能采取回避或者说谎的策略,需要实事求是告知招聘方,但有一定的技巧,所告知的缺点不能是岗位能力中忌讳的硬伤。

6. 适应能力的应答

适应能力越强，融入新环境的速度越快。用人单位希望面试者具备这种适应能力。拥有适应能力的员工对于单位的变动会表现得乐观向上，还会积极提出相应的对策和措施。同时，此类员工在面临压力和困难时也会积极应对，不会逃避和退缩。

（1）应答技巧。如果对应聘岗位的了解程度不够，不能准确地表达自己的工作想法和计划，可以用较为委婉的方式向面试官表示，自己会通过领导的指导和不断学习来适应未来的工作环境，学习包括向领导学习、向同事学习和自我学习等，这种适应力和积极态度是面试官乐于看到的。如果拥有应聘岗位的从业经验，可以针对性地向面试官传达这一信息，并简要列举以往适应变化的一些案例。

（2）模拟问题

1）"如果你通过此次面试，将如何在岗位上进行工作？"

面试者若不够了解该岗位的具体工作要求，在回答时不要直接说明自己怎样开展工作，而是通过迂回的方式进行回答。例如，"我刚接手新工作时会先向领导和前辈请示任务，交流经验，快速熟悉工作需求和流程，然后制订具体的工作计划上报给领导审核，之后再按照计划落实具体工作。"

2）"在工作过程中，有时还需与自己不欣赏、不喜欢的同事合作，那么你将如何调节同事关系，提高合作效率？"

这个问题常被面试官用于考查面试者团队合作的能力，面试者可以表明自己不会把私人感情带到工作中，并会通过积极沟通消除同事间的误会或不和谐，齐心协力做好工作。

3）"你希望与什么样的上级共事？"

这个问题常被面试官用于考查面试者的适应能力，面试者不宜直说自己对上级的要求，而应迂回作答，如"希望领导可以给予我一定的指导建议，并及时指出我的错误和不足，我会虚心接受，多向其他优秀的同事学习，尽快适应新的工作环境。"

4）"在接受一项任务时，你觉得领导提供的方式没有你自己的方式好，你将如何处理？"

这个问题常被面试官用于考查面试者克服分歧的能力，回答问题的原则是尽量表现自己对上级的尊重，避免正面冲突。例如，表明自己会服从领导的安排，但在合适的机会下会向领导说明自己的方式，从而提高工作效率。

7. 刁难问题的应答

面试官提出一连串问题，穷追不舍，有意制造紧张气氛，从而判断面试者的抗压

能力及随机应变能力。有些面试官还会先提一个不甚友好的问题，或者劈头盖脸浇面试者一盆冷水，让面试者在委屈和激愤中露出"本色"。

（1）应答技巧。对于刁难问题，面试者一定要保持良好的心态，要告诫自己这只是一种特殊的考查，并不是面试官有意为难自己，要展示成熟的态度和冷静处理问题的能力，从而在压力面试中胜出。

（2）模拟问题

1）"你的纽扣掉了，是不是平时不太注重自我形象？不修边幅是客户服务中的大忌。"

面试者不妨"以退为进"，先肯定对方，再做进一步的解释。例如，面试者可以这样回答："我的纽扣确实掉了，今天在赶来面试的公交车上，公交车急刹车时，我边上的一位老人差点摔倒，我去搀扶的时候他抓住了我的纽扣，纽扣被扯了下来。我担心面试迟到，所以没有回家换衣服。今后我会注意自身形象，如果有幸进入贵单位工作，我一定不会再穿这样容易掉扣子的衣服了。"

2）"你的学历很高，而我们单位待遇不高，你为什么选择这里？"

面试者可以这样回答："我觉得这份工作很适合我，并且我也很喜欢这份工作。至于我的三张学历证书，你可以挑一张最合适的，其余的就请忘了吧。"

总之，面试官的刁难是考验面试者应变能力的重要方法，面试者要学会巧妙地回答面试官提出的各种刁难的、暗藏"杀机"的问题。并配合面试官演好这出"戏"，让面试官发现自己是一个胸襟广阔、踏实诚恳还不乏幽默的人。

8. 针对女士面试者敏感问题的应答

一些招聘单位认为掌握女士面试者的个人隐私，一是能够按照其具体情况合理地进行岗位分配，二是通过一些敏感问题考查面试者的应变能力，考查面试者能否在不情愿的情况下顾全大局，既维护自己的利益，又让事情得到圆满解决。

（1）应答技巧

1）曲解概念。如果女性面试者对对方提出的问题有明显的反感时，就可以以对方提及的某个概念为出发点，再有意地曲解、发挥和阐释一番，从而将实质性的答案消融在一片云遮雾罩的"诠释"之中，既挡住了对方对个人隐私的窥探，也不至于与对方剑拔弩张。例如，一名银行会计为了保密起见，不想让别人知道自己工作的具体部门，就在对方追问时含糊地回答："我在专门取钱的那个部门工作。"银行的职能之一正是"取钱"，这位会计用诠释概念的方法来取代答话的内容，既含蓄地回答了问题，同时保护了自己的隐私。

2）答非所问，避重就轻。有的时候，面试官可能并非故意想要挖掘女性面试者的隐私，只是不小心错问了不该问的问题，这时面试者不必恼怒，可以采取答非所问的办法来应付，面试官会及时发现自己已经误触"雷区"，便不会再追问。

3）绕圈子。某位女性面试者在面试时被问及"婚后打算多久要小孩"等私密问题时，可以说："我有自己的职业规划，会权衡好婚姻家庭问题，不会影响工作，也会对公司的利益负责。"她实际上并没有给面试官确定的答案，她用的就是和对方绕圈子的技巧，这样的回答听上去合情合理，挑不出毛病。

4）当面拒绝。面试者可以开门见山，指出面试官问话的不当，直接表达自己的不满。甚至当面试者认为自己在面试时被问及的问题有损个人尊严，并造成了严重损害的话，还可以投诉、报警，以保护自己的合法权益不受侵犯。

但是需要注意的是，部分企业在对外招聘的过程中会对面试者的一些隐私问题进行了解。例如，食品企业要了解面试者的健康情况，是否患有乙肝等传染性疾病；模特岗位需了解面试者的三围。由于这些隐私信息直接关系到与岗位的适应性，所以企业询问面试者类似的隐私信息是符合法律规定的。

（2）模拟问题

1）"你怎样处理和领导、同事间的关系？"

通常在面试女助理岗位面试者时，会这样提问。对此，面试者在回答中应当突出"我会与上级保持应有的距离，在工作中公私分明，对上级不卑不亢，既不有意和上级'套近乎'，也不会自视清高，不把上级放在眼里"。

2）"你更看重家庭还是事业？"

家庭和事业之间并不存在冲突，面试者不妨以真诚的语气回答："我觉得家庭和事业都很重要，家庭带给我的是温暖的情感和坚强的后盾，事业则让我充满活力和上进心，而我的人生目标就是家庭和事业双赢。"这样的回答体现出了女士刚柔相济的特点，容易赢得面试官的认同。

3）"如果客户提出让你陪同喝酒或者参加私人聚会等要求，你将如何处理？"

此类问题主要考查女性面试者的随机应变能力。这种情况在很多企业都可能出现，面试者在听到这个问题时不必过于尴尬或紧张，不妨这样回答："我很乐意接受正直、善良的客户邀请，但也有自我保护的能力。"

二、提问技巧

面试是双向考查的过程，面试者要认真做好向面试官发问的准备。掌握面试发问的技巧和策略，能给面试官留下好的印象。

1. 掌握提问的时机

（1）不要在面试开始后立即提问。面试的流程一般都是相对固定的，一开始为了详细了解面试者的个人情况，面试官会让面试者做一个3~5分钟的自我介绍，然后根据面试者的介绍结合简历上的内容，向面试者提出相应的问题。如果在面试官没有掌握面试者个人情况的前提下，面试者就盲目地询问薪资、休假、福利这些敏感问题，面试官会质疑求职动机。

如果不想让自己陷入尴尬的氛围中，这一阶段最好中规中矩回答面试官的问题。如果想让自己出彩，可以在自我介绍部分多下功夫，用精彩的语言和富有个性的描述给面试官留下深刻的印象。

（2）面试官介绍企业情况时不要轻易打断提问。在了解面试者的个人情况后，面试官会把企业的一些情况做简单介绍。需要注意的是，在面试官介绍企业情况时不宜轻易打断。如果对面试官的介绍有疑问，可以简要记录，等面试官做完介绍后，有条理、有礼貌地进行提问。

2. 把握提问的内容

面试者可以向面试官提出以下问题，既能够了解自己关心的内容，也能够向面试官展现自己，赢取好感。

（1）"这个岗位的基本工作职责是什么？"

面试者或许已从招聘信息中了解到该岗位的大致要求，但通常情况下，招聘信息往往简化了实际工作职责，只是粗略地介绍。若由部门主管详细介绍招聘岗位工作职责，可以让面试者做到心中有数。

（2）"我需要拥有何种经验和技能才可以更好地完成这份工作？"

如果你个人的能力与面试官所提的要求相距甚远，你就不必对这个岗位抱有太大的期望，因为距离越大，录用的可能性越低。但如果你仍然想获得这个岗位的录用机会，可以从面试官的回答中获取基本的"轮廓"，为将来努力的方向提供有用的参考。

（3）"我是否符合公司要求？"

作为面试者，对用人单位的要求了解得越详细，越有利于判断自己是否符合岗位需求。若发现岗位是新设立的或者是临时性的，就需要慎重考虑该岗位的前景。

（4）"如果我被录取了，您希望我在这个岗位上做出怎样的成绩？"

在面试中，如果你这样向面试官询问，就能够展现出你的职业期望和对岗位的理解，表明你不仅是为了找到一份工作，而是真心希望能够在这个岗位上有所成就。在面试官回答之后，你可以评估自己能够胜任哪些方面，并将这些方面的能力与面试官所期望的进行匹配，从而增加录用概率。

（5）"我在公司将获得怎样的成长？"

向面试官提出此类问题，表明自己具有上进心和愿意在公司中长期发展。如果面试官对这个问题回答得支支吾吾、含糊不清，那么可以据此判断这家公司的成长空间并不大。反之，如果面试官能够详细说明，面试者应该认真倾听并表示对该岗位的重视。

（6）其他示范问题

"这个岗位的典型工作日是什么样子的？"

"我的工作伙伴是否热爱创新并充满活力？"

"我的第一个工作项目是什么？"

"我会接受哪些培训？这些培训对我的个人要求是什么？"

注意，提出的问题必须与申请岗位、工作任务和职责密切相关。

3. 表达提问的回应

面试官对面试者的提问进行回应后，无论答案是否符合面试者的预期，都要积极回应，注意以下几点：面试官回应时，面试者应认真聆听，并不时用点头、微笑等予以回应；一般不要在面试官对提问回应结束后进行追问或者重复相同的问题，这会让面试官感觉你不够专注或是对问题的答复不满意；回应结束后，面试者应对面试官专业的解答表达感谢，但忌讳溜须拍马、盲目自信，类似"您真的太专业了，听了您刚才的解答，胜读十年书""太好了，我觉得我就是这个岗位最合适的人选，我对这项工作有十足的把握"的回应会适得其反。

提出的问题不宜过多、过于具体，面试官一般都不会特别了解某一岗位的具体工作内容，无须对面试官追根刨底。提问的时候需要特别注意语气，千万不要过于强硬，反客为主，以免引起面试官的反感。

技能要求

面试回答问题指导

操作步骤

步骤1 指导前情境设置

（1）设置面试背景：面试者小江参加结构化面试，面试主考官以提问的方式重点

考核小江的求职动机、工作能力和个人特质。小江也可以向面试官提问。

（2）设置提问内容

面试问题一：你为什么从上一家单位离职？

面试问题二：你未来三年内的目标是什么？如何实现？

面试问题三：请列举你的三个优点和三个缺点。

步骤2　模拟面试

（1）主考官导语："小江，接下来我们有三个问题和你交流。"

（2）主考官提问。

（3）面试者回答。

（4）面试者提问。

（5）主考官回应。

（6）面试礼仪指导人员做好记录。

步骤3　指导面试回答问题的礼节

（1）观察语言表达是否合适。

（2）观察回答问题过程中的举止是否得当。

步骤4　指导不同问题的应答要点

分析面试常见问题的考查要点（见表2-5），根据不同问题进行相应指导。

表2-5　　　　　　　　　面试常见问题的考查要点

类型	示范问题	考查要点
基本情况	你的职业经验和业绩有哪些？	考查面试者是否能够精简地描述其主要的工作经验和业绩重点，而非单纯列举简历表中已有的内容，从而判断面试者的语言表达能力、逻辑能力等
	为什么要应聘这个岗位？	考查面试者的求职动机是否合理和科学
	你首选的工作单位类型是什么？	考查面试者对工作和岗位的认知是否清晰
专业背景	你认为此岗位需要具备哪些技能？	考查面试者的岗位素质与招聘需要的岗位素质的匹配程度
	你的专业领域是什么？在该领域取得了哪些主要成果？	考查面试者的专业能力
	你能够胜任该岗位的优势有哪些？你存在哪些缺陷和不足？你会如何加以改进？	考查面试者的自我认知，以及其是否具有上进心，是否愿意提升自我
	你有哪些优势？	考查面试者的自我认知，考查面试者是否可以客观、理智看待自己

续表

类型	示范问题	考查要点
工作能力	你在以前的工作中有哪些收获？	考查面试者是否具备多元视角，如从专业成就、人际关系、组织文化、产品及服务等多个层面进行回答。在回答过去的收获时，还可考查面试者是否具有忠诚、尊重他人的职业操守
	你的工作时间安排是怎么样的？	考查面试者是否具有良好的时间安排能力，是否具备良好的职业习惯
	你对以后有什么计划？	考查面试者是否有制定明确目标和实际可行的行动计划的能力
	你对我们公司有哪些方面的了解？	考查面试者对这份工作的重视程度
价值取向	你有什么兴趣爱好？	考查面试者是否具备平衡工作和生活的能力
	你认为做人最重要的是什么？	考查面试者是否具备正确的三观和基本职业操守
	你对加班的看法是什么？	考查面试者是否具有服从意识，是否过于自我
资质特点	你认为自己性格的优劣势是什么？	考查面试者的个性与企业的适配程度，例如，在公关和市场等岗位上，具有外向性格的人更有优势，而在科研和档案等工作岗位上，具有内向性格的人更有优势
	你认为自己是个性十足的人吗？	考查面试者是否能够诚实地面对自己的特点，并思考它们是否会对本岗位和团队合作产生影响
	你的上级和同事一般是怎样看待你的？	考查面试者的自我认知是否完善，也通过其描述了解原先的工作状态
薪资待遇	你对薪资的要求是什么？	考查面试者的薪资期望值与企业的薪酬水平是否匹配，也可以考查其求职动机、价值观等

注意事项

回答或提问时要注意仪表神态、目光注视、肢体语言等方面的表现。

培训任务 3

面试结束礼仪

学习单元 1

面试结束离场礼仪

知识要求

导言：在面试流程中，入场有礼，离场也需要有良好的礼仪，细节之处更能体现人的素养。

一、离场的时机

1. 以指令判断离场时机

当面试流程已成体系时，一般在面试时间上会有严格要求。例如，规定每位面试者的面试时间为 20 分钟，面试者可在 20 分钟以内完成所有面试内容，但不允许超时。如果超时，组织面试的人员会予以提示并强行中断面试。这个时候，面试者应该立即停止，不能找各种理由拖延或要求继续面试。

2. 以结束语判断离场时机

（1）面试者的结束语。面试者回答所有面试问题后，观察到面试官没有其他提问，可以下述语言作为结尾句，等待面试官的指令。

"以上是我的回答，谢谢各位。"

"我没有其他补充内容,谢谢!"

(2)面试官结束语。当面试官认为面试该结束时,通常会说以下提示面试结束的话语。

"感谢你对我们公司招聘工作的关注,我们做出决定后会及时通知你。"

"我们对你的情况已经有所了解,请你耐心等待通知。"

面试者听了诸如此类的暗示语时,便是离场的时机,应该主动站起身来道别离场。

二、离场的礼节

1. 致谢

面试是一个认真严肃的过程,面试者在面试结束时可以用一些个性化的语言向面试官道谢,既表示尊重,又活跃气氛。

离场时,如果面对的是多名面试官,可选择鞠躬礼表达感谢,但要注意鞠躬的姿势和角度,鞠躬的幅度以30°~45°为宜。注意不要一边鞠躬一边说话。

如果是一对一面试,或者只有1~2名面试官,离场时可以选择握手礼,以表达亲切。但注意一般不主动与面试官握手,而是在面试结束时,在面试官主动伸手道别时,面试者以握手礼予以回应。

2. 表情

有的面试者因为准备不充分,或者临场发挥不佳,或者感觉面试官对自己不够感兴趣,或者与面试官无法建立良好沟通,所以在面试结束时表现出失落、泄气、愤怒的情绪,这种"变脸"会让面试官感受到负能量。

实际上,面试者很难预测面试结果,也不太能够了解面试官的评估标准,更不可能准确评估自己的表现和其他竞争者的情况。因此,面试者没必要在面试中自我否定或过度自卑,更没有理由轻易放弃机会。无论你觉得自己的表现如何,都应该以积极、从容、自信的态度面对,与面试官微笑道别。

如果面试官已经明确表态,告诉你没有被选中,你也应该保持冷静,大方地、不卑不亢地离开。

3. 动作

起身时要注意细节。例如,如果座椅离自己的腿部比较近,可以在站起来的同时,用手把座椅往后推一下,留出适当的空间,尽量不要发出刺耳的声音。起身后,把座椅放回原位。

离场时应该控制好行走速度，关门时要注意轻轻关上之后再松手，避免过于放松而造成巨大的声响。应该始终保持稳重、大方和优雅的形象，给面试官留下良好的印象。

 技能要求

离场礼仪指导

操作步骤

步骤1 情境设置

（1）设置面试形式：结构化面试。

（2）设置面试背景：面试者陈娟，完成了面试的所有流程，即将离场。

步骤2 模拟指导

（1）离场时机指导

1）观察面试者能否通过面试官的结束语把握离场时机。

2）观察面试者是否有面试结束语。

（2）离场礼仪指导

1）观察面试者的致谢言行，根据面试者表现提出建议。

2）观察面试者的表情管理，根据面试者表现提出建议。

3）观察面试者的离场动作，根据面试者表现提出建议。

注意事项

1. 观察面试者是否准确把握离场时机。

2. 观察面试者是否出现其他离场禁忌。

学习单元 2

面试结束跟进礼仪

知识要求

一、面试结束后的跟进

1. 适时表达感谢

为了给面试官留下深刻的印象、增加求职成功的可能性,建议在面试后两天内给面试官打电话或写信表达谢意。即使对方表示不予录用,也应表示感谢,这是对面试官的尊重,也是争取最终被录用的一线希望。面试者在表达感谢时需要注意以下几点。

(1)重申对所应聘岗位的重视。表达感谢时,面试者还需要重申通过面试对该招聘单位及招聘岗位有了进一步的了解,对这个岗位有了更加浓厚的兴趣,并且表明自己将运用自己的专业、技术及工作经验,来不断满足或持续改进该岗位工作的某些关键性需求。

(2)不同方式的注意点

1)如果写感谢信,面试者要注意两个方面:一是要组织好语言,尽量言简意赅、突出重点,让面试官在短时间里加深印象;二是通过添加自己的主观话语和感受,使感谢信真挚动人,表达出真实的情感,展现个性化的自己。

2）如果打电话致谢，最好不要超过5分钟，言简意赅。在表达感谢时要懂得赞赏之道，恰到好处地、真诚地表达赞赏，赞赏应具体，可以提及在招聘过程或面试中留下深刻印象的环节，或者是面试过程中面试官说过的话。

2. 面试结果跟进要点

有些面试者在面试结束时询问自己能否被录用是毫无意义的，因为面试官必须综合考虑录用人数的限制、面试者的综合情况等各方面因素，才能做出最终决定。如果面试者反复追问，很容易造成面试官情绪上的抵触与反感，反倒弄巧成拙，同时会给面试官留下缺乏自信和耐心的印象。一般情况下，最终录用结果的确定可能需要等待3~5天，甚至更长的时间。在这段时间内，面试者应该耐心等待，不要过分追问消息，也不要通过他人打听消息，过于心急往往得不偿失。

二、面试成功后的礼仪

1. 再次表达感谢

真诚、礼貌地表示感谢。例如，公司给你发了一份录用通知，你需要进行及时回复："您好！通知已收到，非常感谢您和公司的信任。"

2. 表达意愿与决心

面试成功后，要适时向面试官表达意愿和决心。例如，"感谢之余，我也十分期待尽早融入公司团队，我一定会珍惜公司给予的平台，努力工作，为公司的发展贡献自己的力量。"

3. 做好入职准备

面试成功后，面试者应积极对接入职事宜，主动了解相关入职手续和入职要求，做好入职准备。

三、面试失败后的礼仪

1. 表达感谢

如果有人通知你未被录用，也要向对方表示感谢，可以说"很遗憾未能加入你们的大家庭，这次面试经历让我受益匪浅，感谢你们给予的机会，希望将来还有机会再见面"。

2. 分析失败原因

面试失败后，一定要做好复盘，分析失败的原因，常见的原因有以下几点。

（1）锋芒毕露。一般情况下，用人单位是按岗位所需要的性格特征和专业知识挑选人才的，因此面试者应着重突出自身的专业素质，而不是过多彰显个性，也不能不顾他人的感受，兀自滔滔不绝表现自己。切忌只顾努力地推销自己，而忽略了面试官、其他面试者的存在，以免给人造成傲慢、专横、自以为是的印象。

（2）炫耀过度。在面试过程中，虽然强调自己的成就有利于给面试官留下深刻的印象，但是不要将过多的时间用于详细描述已经取得的成绩，而应该更多地关注能够为新岗位带来的贡献。这样可以更好地展示面试者对该岗位的理解和自身的可塑性，一味地强调过去的辉煌会给人一种炫耀、停滞不前的印象。

（3）过分谦虚。谦虚是中华民族的传统美德，但是谦虚也要分场合，面试时也要适当地展示自身的能力和才华。过分谦虚会给面试官留下不自信的印象。

（4）过于紧张、怯场。千万不要小看怯场对一个人求职的影响。很多面试者一看到面试官就手心冒汗、吐字不清、两脚发抖、声音发颤，如果出现这种情况，面试后基本没有被录用的希望。

3. 做好再次面试的准备

收拾心情，做好再次面试的准备。如果在面试中失败了，千万不要气馁，这只能说明应聘岗位不适合自己，不要怨天尤人。一次失败不重要，关键是必须总结经验教训，并改进不足、重新出发，在下一次面试中不犯同样的错误。

 技能要求

面试结果跟进礼仪指导

操作步骤

步骤 1　情境设置

（1）设置面试结束背景：面试者小刘完成面试后，用邮件的方式给面试官发了一封感谢信。按照面试官的通知，两天后会有结果，但小刘并未收到通知，于是通过电话向人力资源部查询面试结果，对方告知他已被录用，但录用名单还需要公司领导审核，请他耐心等待。

（2）设置跟进的形式：通过邮件发送感谢信，通过电话查询面试结果。

> 面试礼仪指导

步骤2　情境模拟

（1）面试者撰写感谢信。

（2）面试者向面试官发送邮件。

（3）面试者电话查询面试结果。

（4）面试通过后，面试者主动致谢。

步骤3　复盘

（1）面试者对跟进过程进行复盘。

（2）面试礼仪指导人员对面试者表现进行复盘。

（3）回放模拟过程。

步骤4　指导建议

（1）指导查询面试结果。

（2）指导面试成功后的礼仪。

（3）指导面试失败后的礼仪。

注意事项

1. 电话跟进时注意拨打、通话、结束时的电话礼节。
2. 若面试失败，应分析原因，对面试者进行心理调适，适时赋能。

培训任务 4

线上面试礼仪

学习单元 1

线上面试准备

知识要求

导言：随着后疫情时代面试官式数字化发展，线上面试成为求职新常态。线上面试是用人单位与面试者通过特定的互联网平台，以视频等无接触方式达到"面对面"即时沟通的招聘面试形式。线上面试在面试目的、面试内容、面试流程等方面与线下面试具有一致性，但在面试环境和面试中的行为细节中呈现出独特性。

一、线上面试环境准备

1. 面试环境的布置要领

线上面试的环境包括现实环境和虚拟环境。在面试前，面试者需要根据面试官的面试要求，提前准备相对安静和整洁的现实环境、稳定和通畅的虚拟环境，以确保面试过程顺利进行。

（1）现实环境的布置要领

1）安静的环境。面试前提前确定一个相对独立、相对封闭、安静的环境进行面试，选择的场地隔音条件要好，能够有效阻断声音干扰，确保面试中不会受到外界因素的干扰。如果选择的环境涉及公用区域，如家人共同居住的家居环境、学校寝室等，可提前做好沟通，共同营造安静的环境。不宜选择在嘈杂的网吧、茶楼、图书馆等公共场所进行面试。

2）干净的环境。面试时确保摄像头能看到的地方都是整洁干净的。可以以白墙作为背景墙，也可以用整齐统一的书架或者书柜作为背景。如果背景环境较杂乱，可以使用纯色幕布进行遮挡。不宜在可视范围内出现杂物或与面试无关的物品。

3）光线的要求。选择光线充足的环境，提前调试周围的灯光，确保顺光，使面部清晰呈现。不宜背光、逆光，以免造成画面偏暗或者模糊等现象。

（2）虚拟环境的布置要领。大多数面试软件都可以设置虚拟背景，如果现实环境不具备条件，可以提前在软件中设置虚拟背景后进入面试间。在虚拟背景设置页可对人像之外的背景区域进行虚化，起到取代背景墙的作用。建议选择使用背景颜色单一的虚拟背景。注意着装颜色不要与所选择的虚拟背景色相近。

2. 面试设备的调试要领

（1）网络设备的调试。线上面试要求网络稳定，确保面试流畅。建议同时使用高速宽带和4G/5G流量两种模式，如出现网络故障可及时调整为备用模式继续面试。线上面试必备设备包括带有麦克风、摄像头和储电功能的计算机终端设备、手机或平板等移动设备。条件允许可以准备选用设备，如手机或平板支撑架、补光灯、备用耳机、备用摄像头等。设备使用前要保证电量充足，计算机使用期间不打开与面试无关的平台、拦截弹窗等；手机须关闭闹钟，拦截来电、短信通知等任何可能影响面试正常进行的应用程序。

（2）面试平台的调试。面试前和面试官确认面试使用的软件平台，提前完成安装、注册并熟悉软件操作，面试前提前打开摄像头、麦克风等进行设备调试。

（3）视频角度的调试。线上面试通常分为主机位和辅助机位（见图4-1）。根据面试官要求，主机位一般是计算机，位于面试者正前方。辅助机位一般是手机，位于面试者侧后方。为保证画面平稳和角度准确，调试设备时主机位应确保面试者上半身、双手和桌面均处于视频画面范围内，副机位应确保主机位的画面、桌面、面试者全身均处于视频画面范围内。

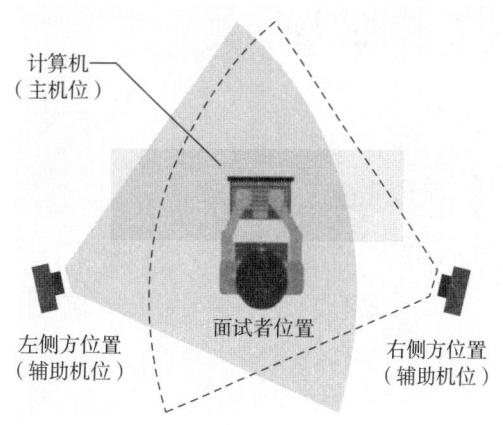

图4-1 面试主、辅机位的角度

面试礼仪指导

二、线上面试形象准备

1. 面试形象要领

线上面试时，形象要求干净、大方，符合岗位气质，具体见表4-1。

表4-1　　　　　　　　　　面试形象要领

形象	要点	忌讳
发型	头发整洁	蓬头，杂乱
面部	面部清爽，女士可着淡妆	垢面，过度美颜
手部	干净	有污垢，过度装饰指甲
上装	干净，大方得体，体现职业特征	衣着不整，过于随意或休闲
饰品	简约	杂乱，搭配不恰当的饰品

2. 面试形象禁忌

线上面试时，虽然面试官不能完全看到面试者的全部形象，但面试形象依然能给面试官留下第一印象。因此，参照线下面试形象的准备，要注重在视频可视范围内的个人形象展示。不能因为是线上面试就不修边幅、胡子拉碴、面带倦容、穿着随意出现在视频中，给面试官留下不重视面试、不注重礼节的负面印象。但也不能借助设备的辅助功能，呈现不真实的个人形象，如过度美颜、过度虚化人像等。

 技能要求

线上面试准备指导

操作步骤

步骤1　情境设置

（1）设置线上面试背景：小刘是今年应届毕业生，接到面试官通知，将在周一上午通过腾讯会议参加线上面试，她需要进行线上面试前的准备。

（2）设置线上面试平台：完成腾讯会议的安装、注册；熟悉腾讯会议的操作。

步骤2　模拟指导

（1）环境选择指导：小刘住在学校寝室，应提前做好寝室卫生，保持干净整洁。

面试前与室友沟通，告知周一上午10：00—11：00这个时间段将在寝室参加线上面试，得到室友的支持，营造安静的环境。找到白墙背景或选择合适的虚拟背景，调试光线。

（2）设备调试指导：摆好主机位；摆好辅助机位；打开摄像头、麦克风等进行设备调试。

（3）面试形象指导：整理发型；保持面部和手部整洁干净，可适当化淡妆；根据岗位要求选择着装。

学习单元 2

线上面试中的行为礼仪

知识要求

导言：面试官在求职面试中，通过观察面试者的言行举止对面试者的职业素养和职业能力做出评判。线上面试时，面试官与面试者隔着屏幕，但隔空有礼，线上面试中的行为细节也会成为面试官的"信息源"，属于面试礼仪中需要重点指导的内容。

一、线上面试中的身体语言

1. 体态语

线上面试时，往往采用坐姿，要求坐姿端正。因为视频可视范围是身体的上半部分（通常为上衣第二、第三颗纽扣的位置），所以上半身要挺直，头部端正，放松双肩，身体微微前倾，表现出面试者的专注和积极。在面试中出现身体歪斜，上半身趴或倚靠在桌上，身体过于靠近摄像头或远离摄像头，身体后靠到椅背上等体态，都会给面试官留下不严谨、不重视的印象。

2. 表情语

线上面试中，面部最能传达感情的是眼睛、眉毛、嘴巴及面部肌肉，因此在面试中要把握好各部分的变化。

（1）眼睛。眼睛被称为"心灵的窗户"，内心情感往往可以通过眼睛表露。面试中应保持眼睛始终看着摄像头，而不是紧盯着屏幕或屏幕以外的画面。以摄像头为例，通常在计算机最上端，因此面试者的眼睛不是平视，而要稍稍上扬，看向镜头，才会与面试官产生眼神上的交流。眼神坚定有神，透露出自信。两眼无光或目光游移不定会给面试官留下胆怯、自卑、自信心不足的印象。

（2）眉毛。"眉眼之间透露出的气息"这句话说明了眉毛作为独立部分，可以和眼睛一起组成表情的变化。在面试中，眉毛不能起伏过大：眉飞色舞会让面试官感觉浮躁、轻佻；眉头紧锁则会使人感到情绪压抑。面试中还应该避免出现眉毛上的小动作，如单眉挑起、眉头抖动等。

（3）嘴巴。嘴巴的变化要跟上说话的节奏，放松自然是最佳状态。同样要克服面试者自身的不良习惯，如舔嘴唇或咬嘴唇、吐舌头等，显得不成熟，而打哈欠是明显的不礼貌的行为表现。

（4）面部肌肉。笑容肌在脸颊两侧的位置，笑容肌微微上扬是熟悉的微笑表情，轻松而自然的微笑能表达出自信，因此在面试中面部肌肉要保持放松，应避免面无表情或夸张自大的表情。

3. 手势语

在线上面试过程中，可以用手部动作辅助表达，但不能过于频繁。手部一般端放在桌上，如果放到桌子以下，不便于面试过程中的记录和表达，但也要尽量避免用手托着下巴、拨弄头发、摸脸等。有些面试者因为紧张就会不自觉乱摸、挠头、撩发等，这些举动在线上面试时是能够被面试官捕捉到的，并传达出你的"不自信"。

二、线上面试中的沟通礼仪

1. 主动问候礼节

（1）问候的时机。主动问候是对面试官的尊重。在线上面试时，面试者要有时间观念，提前登录面试平台进行等候，一旦进入等候状态，尽量不在中途离开视频范围，确保当面试官进入画面时，及时表达问候。

（2）问候语的表达。自然得体的问候语既能表达热情，也能消除双方的陌生感和紧张感，拉近彼此的距离。因此，问候语要言简意赅、中规中矩，如"面试官，您好"。如果有多位面试官，需要集体问好，如"早上好，各位老师"。问候的同时辅以微笑，可以迅速让对方感受到亲切和随和。问候语忌讳过于个性，有的面试者刻意说

很多话吸引面试官的注意，既耽误宝贵的面试时间，同时也易引起面试官的反感。

2. 面谈礼仪

（1）自我介绍。自我介绍在内容上要注意把握时间，语言力求简洁；表达上要清晰，吐字清楚；语言组织上要突出重点，强调经验；态度上要实事求是，避免套话。常用的自我介绍语言结构为"我是谁"—"我做过什么"—"我能做什么"。

（2）相互交流。在结构化面试中，问答式的交流方式要求面试者诚信至上，知之为知之，不知为不知，面试官想要的是最适合的人，而非最优秀的人。通常由面试官提出面试者可以提问，面试者一般不主动提问。在提问时，需要使用谦辞，表达尊重。"感谢面试官，我想向您咨询的问题是……"或者"冒昧请问面试官……"。良好的沟通需要双方共同参与，因此避免"一言堂"或长时间保持沉默的尴尬状态。

（3）表达技巧。讲话时的声音可以让面试官感受到面试者是否紧张，是否自信。在面试中要控制说话的语速，保持音调平静、音量适中，避免尖声尖气、声细无力。表达中的流畅度能够展示面试者的逻辑能力、语言组织能力，建议日常多练习演讲，以提高表达能力。

（4）赞美与认同。赞美要具象化，才能够收到更好的效果。例如，"您说得对，特别是刚才您提到的×××，让我想到了×××。"空洞和频繁的赞美会让面试官感觉不到诚意，所以在交流中要做到恰当赞美和认同。

（5）注意事项。面谈中涉及政治和宗教等敏感话题或涉密话题等需要回避。主动自暴缺点、漫无重点闲扯、不真诚地赞美对方也是面谈中的"雷区"，应避免。当与面试官的意见不一致时，不要据理力争，也不要直接反驳，可以用诸如"是的，在这个问题的处理上您经验丰富，让我很受启发。我曾经采用了××模型进行论证，发现论据很有说服力，我可以简单展示一下吗？"采用委婉的方式进行交流，避免与面试官直接发生冲突，又巧妙地表明自己的观点。

3. 回应礼仪

（1）声音传达更关键。线上面试虽然是隔空交流，但只要是交流，就是相互的，交流中都应该积极给予对方回应，除了面部表情，也可以辅佐一些"拟声词"来帮助面试官更清晰地接收你需要表达的信息。相对于面对面的直观交流，此时声音的传达也很关键。

（2）身体前倾显诚意。受到摄像头视角的限制，面试者动作幅度在面试视频时会显得很大，特别是头部的摆动会很明显。如果时不时出现大幅度动作会给对方带来不适感，也让人觉得你不够沉稳。因此，在线上面试的时候，要有意识地减少肢体动作，例如，想要表示关注时，只要身体微微前倾即可。

（3）点头回应是礼貌。和身体前倾回应类似，还可以采用点头回应的方式，但点头动作幅度不宜过大，微微点头即可。

三、线上面试结束时的礼仪

1. 礼貌道别

当面试结束时，面试者应主动向面试官表示感谢。如果当场得知被录用，切忌在视频前手舞足蹈，过分表达惊喜。如果结果未知或感觉面试发挥不佳，也应该向对方表示感谢，这样既能保持与面试官良好的关系，又表现出自己的稳重。

2. 等待退出礼节

线上面试结束后，只需要退出面试平台即可，这时退出的先后顺序和线下面试有所不同。线下一般是面试者向面试官礼貌道别后，主动退出面试场地。但线上则需要面试者耐心等待，确定面试官已经退出后再退出。这样避免着急退出而出现在面试官视频画面中的"空当"。除了表达尊重，应后于面试官退出外，还可以避免在面试官退出前进入其他不相干的画面或发出杂音。和线下面试相对封闭的空间迥然不同，网络中声音和画面的传播力较强，所以在完成面试等待退出期间，要确保摄像头、麦克风都已关闭。

 技能要求

制作线上面试检视清单

操作准备

准备计算机、手机或平板等移动设备、办公桌、座椅、支架、大白纸、彩笔等。

操作步骤

步骤1 模拟线上面试过程，进行录制。

步骤2 回放视频，进行复盘

（1）指导线上面试前的环境选择。

（2）指导线上面试的形象要领。

（3）指导线上面试中的行为。

（4）指导线上面试结束时的礼节。

步骤3 制作线上面试检视清单，见表4-2。

表4-2　　　　　　　　　　　　线上面试检视清单

面试前的礼仪		环境形象：周边环境要整洁，空间安静无干扰 设备要求：电脑速度要够快，手机备用防意外 　　　　　网络通畅是关键，入画距离要恰当 个人形象：发型清爽，妆容淡雅，着装整洁
面试中的 行为礼仪	进入	提前调试，进入视频画面
	姿态	体态语：坐姿挺拔，居中不晃动，身体微微前倾 手势语：端放桌面，恰当表达
	问候	主动问候（点头致意礼）
	表情	轻松自然，自信微笑 正看镜头，坚定有神
	回应	声音传达更关键，身体前倾显诚意，点头回应是礼貌
	态度	礼貌用语要常用
面试结束时的 礼仪	离开	礼貌道别，等待挂断 鞠躬道别，等待结束

注意事项

1. 线上面试结束后，也需要积极跟进，其礼节与线下面试一致。
2. 线上面试要点顺口溜。

　　　　　　　周边环境要整洁，空间安静无干扰。
　　　　　　　电脑速度要够快，手机备用防意外。
　　　　　　　网络通畅是关键，入画距离要恰当。
　　　　　　　着装切勿太随意，举止态度总牢记。
　　　　　　　视线多看摄像头，眼神隔空有交流。
　　　　　　　简历证件备一旁，随手拈来不慌张。
　　　　　　　说声谢谢有必要，视频挂断有礼貌。
　　　　　　　心理状态要调整，心里默念我最好。

附录1　面试礼仪指导专项职业能力考核规范

一、定义

面试礼仪指导是指职业指导人员运用礼仪知识和面试技巧，为面试者提供面试场景模拟和面试指导。

二、适用对象

运用或准备运用面试礼仪指导能力求职、就业的人员。

三、能力标准与鉴定内容

能力名称：面试礼仪指导		职业领域：职业指导员	
工作任务	操作规范	相关知识	考核比重
（一）面试礼仪准备	1. 能确定应聘单位背景信息及岗位要求 2. 能准备面试资料 3. 能准备合适的面试形象 4. 能准备面试情境模拟 5. 能制定面试突发状况的应对措施	1. 招聘方背景信息调查相关知识 2. 面试资料准备相关知识 3. 面试形象相关知识 4. 面试情境模拟相关技巧 5. 面试突发状况应对技巧	25%
（二）面试过程礼仪	1. 能进行面试流程的礼仪指导 2. 能进行语言表达技巧的指导 3. 能进行情绪舒缓的指导	1. 面试的时间管理相关知识 2. 面试礼仪相关知识 3. 语言表达相关知识 4. 情绪疏导相关知识	40%
（三）面试结束礼仪	1. 能进行面试离场礼仪的指导 2. 能进行面试成功后的礼仪指导 3. 能进行面试失败后的礼仪指导	1. 离场礼仪相关知识 2. 面试成功后礼仪指导相关知识 3. 面试失败后礼仪指导相关知识	25%
（四）线上面试礼仪	1. 能开展线上面试准备的指导 2. 能指导制作线上面试检视清单	1. 线上面试环境准备相关知识 2. 线上面试形象和行为礼仪相关知识	10%

四、鉴定要求

（一）申报条件

达到法定劳动年龄，大专文化程度以上，具有相应技能的劳动者均可申报。

（二）考评员构成

考评员应具备一定的礼仪专业知识及实际操作经验，每个考评组不少于3名考评员。

（三）鉴定方式与鉴定时间

考核方式采用"笔试+口试"相结合的技能操作方式，考核成绩均实行百分制，成绩达60分为合格。技能操作考核时间不少于40分钟。

（四）鉴定场地与设备要求

符合公共卫生要求的标准教室，面积不小于60平方米。

附录2 面试礼仪指导专项职业能力培训课程规范

培训任务	学习单元	培训重点难点	参考学时
（一）面试礼仪准备	1. 面试者接待	重点：面试行为礼仪 难点：面试类型和注意事项	12
	2. 面试资料准备	重点：个人简历修改指导 难点：招聘单位信息收集	
	3. 面试者准备	重点：面试形象准备 难点：面试心理准备	
（二）面试过程礼仪	1. 面试中的行为礼仪	重点：面试体态礼仪 难点：面试中的行为禁忌	24
	2. 面试中的交谈礼仪	重点：自我介绍礼仪；倾听礼仪 难点：语言表达技巧	
	3. 面试应答与提问技巧	重点：常规问题的应答技巧 难点：常见应聘群体的面试技巧	
（三）面试结束礼仪	1. 面试结束离场礼仪	重点：面试离场礼仪 难点：面试离场禁忌	8
	2. 面试结束跟进礼仪	重点：面试跟进礼仪 难点：面试成功后的礼仪；面试失败后的礼仪	
（四）线上面试礼仪	1. 线上面试准备	重点：线上面试形象准备 难点：线上面试环境准备	4
	2. 线上面试中的行为礼仪	重点：线上面试身体语言 难点：线上面试沟通礼仪	
总学时			48

注：参考学时是培训机构开展的理论教学及实操教学的建议学时数，包括岗位实习、现场观摩、自学自练等环节的学时数。